Prix : 60 centimes

AUTEURS CÉLÈBRES

F[d] DE LESSEPS

ORIGINES DU CANAL DE SUEZ

PARIS
RPON ET E. FLAMMARION
ÉDITEURS
26, RUE RACINE, PRÈS L'ODÉON

OUVRAGES PARUS

1re SÉRIE. Nos

1. CAMILLE FLAMMARION, **Lumen.**
2. ALPHONSE DAUDET, **La Belle-Nivernaise.**
3. EMILE ZOLA, **Thérèse Raquin.**
4. HECTOR MALOT, **Une Bonne Affaire.**
5. ANDRÉ THEURIET, **Le Mariage de Gérard.**
6. L'ABBÉ PRÉVOST, **Manon Lescaut.**
7. EUGÈNE CHAVETTE, **La Belle Alliette.**
8. G. DUVAL, **Le Tonnelier.**
9. MARIE ROBERT-HALT, **Histoire d'un Petit Homme** (Ouvrage couronné par l'Académie française).
10. B. DE SAINT-PIERRE, **Paul et Virginie.**

2e SÉRIE. Nos

11. CATULLE MENDÈS, **Le Roman Rouge.**
12. ALEXIS BOUVIER, **Colette.**
13. LOUIS JACOLLIOT, **Voyage aux Pays Mystérieux.**
14. ADOLPHE BELOT, **Deux Femmes.**
15. JULES SANDEAU, **Madeleine.**
16. LONGUS, **Daphnis et Chloé.**
17. THÉOPHILE GAUTIER, **Jettatura.**
18. JULES CLARETIE, **La Mansarde.**
19. LOUIS NOIR, **L'Auberge Maudite.**
20. LÉOPOLD STAPLEAUX, **Le Château de la Rage.**

3e SÉRIE. Nos

21. HECTOR MALOT, **Seduction.**
22. MAURICE TALMEYR, **Le Grisou.**
23. GŒTHE, **Werther.**
24. ED. DRUMONT, **Le Dernier des Trémolin.**
25. VAST-RICOUARD. **La Sirène.**
26. G. COURTELINE, **Le 51e Chasseurs.**
27. ESCOFFIER, **Troppmann.**
28. GOLDSMITH, **Le Vicaire de Wakefield.**
29. A. DELVAU, **Les Amours buissonnières.**
30. E. CHAVETTE, **Lilie, Tutue, Bebeth.**

4e SÉRIE. Nos

31. ADOLPHE BELOT, **Hélène et Mathilde.**
32. HECTOR MALOT, **Les Millions honteux.**
33. XAVIER DE MAISTRE. **Voyage autour de ma Chambre.**
34. ALEXIS BOUVIER, **Le Mariage d'un Forçat.**
35. TONY RÉVILLON, **Le Faubourg Saint-Antoine.**
36. PAUL ARÈNE, **Le Canot des six Capitaines.**
37. CH. CANIVET, **La Ferme des Gohel.**
38. CH. LEROY, **Les Tribulations d'un Futur.**
39. SWIFT, **Voyages de Gulliver.**
40. RENÉ MAIZEROY. **Souvenirs d'un Officier.**

5e SÉRIE. Nos

41. ARSÈNE HOUSSAYE, **Lucia.**
42. **La Chanson de Roland.**
43. PAUL BONNETAIN, **Au Large.**
44. CATULLE MENDÈS, **Pour lire au Bain.**
45. EMILE ZOLA, **Jacques Damour.**
46. JEAN RICHEPIN, **Quatre petits Romans.**
47. ARMAND SILVESTRE. **Histoires Joyeuses.**
48. PAUL DHORMOYS, **Sous les Tropiques.**
49. VILLIERS DE L'ISLE-ADAM, **Le Secret de l'Echafaud.**
50. ERNEST DAUDET, **Jourdan Coupe-Tête.**

6e SÉRIE. Nos

51. CAMILLE FLAMMARION, **Rêves étoilés.**
52. Mme J. MICHELET, **Mémoires d'une Enfant.**
53. THÉOPHILE GAUTIER, **Avatar.** — *Fortunio.*
54. CHATEAUBRIAND, **Atala.** — *René, Dernier Abencérage.*
55. IVAN TOURGUENEFF, **Récits d'un Chasseur.**
56. L. JACOLLIOT, **Le Crime du Moulin d'Usor.**
57. P. BONNETAIN, **Marsouins et Mathurins**
58. A. DELVAU, **Mémoires d'une Honnête Fille.**
59. RENÉ MAIZEROY, **Vavaknoff.**
60. GUÉRIN-GINISTY, **La Fange.**

ORIGINES
DU CANAL DE SUEZ

IMPRIMERIE C. MARPON ET E. FLAMMARION
RUE RACINE, 26, A PARIS.

FERDINAND DE LESSEPS

DE L'ACADÉMIE FRANÇAISE

ORIGINES DU CANAL DE SUEZ

PARIS
C. MARPON ET E. FLAMMARION
ÉDITEURS
26, RUE RACINE, PRÈS L'ODÉON

PRÉAMBULE

A l'âge de vingt ans, en 1825, j'étais envoyé en mission, sous les ordres de mon oncle J.-B. de Lesseps, le seul survivant de l'expédition de Lapeyrouse et qui était chargé d'affaires à Lisbonne. Depuis, j'ai parcouru la carrière des affaires étrangères dans différents postes, à Tunis, en Algérie, en Égypte, en Hollande et en Espagne.

Lors de notre révolution de 1848, M. de Lamartine m'appela de Barcelone à Paris pour m'envoyer à Madrid, auprès de la reine Isabelle, en qualité de ministre plénipotentiaire. J'étais resté huit ans en Espagne, en relation avec les généraux et les hommes influents, ne m'étant jamais mêlé des troubles politiques, mais ayant eu l'occasion d'établir des relations amicales avec tous les partis. Lamartine me dit : « Nous avons une révolution qui commence ici, on ne sait pas si l'étranger sera avec nous. Nous avons besoin de la tranquillité en Espagne. Vous connaissez la cour, les représentants des diverses opinions politiques, la population ; vous avez laissé là-bas de très bons souvenirs. Je vous prie de vous rendre à l'ambassade de Madrid, parce que, en cas de guerre étrangère, les bons rapports avec l'Espagne nous valent 200,000 hommes sur la frontière des Pyrénées. » Je partis donc pour Madrid. Le maréchal Narvaez, qui n'était pas ami des révolutionnaires, était au pouvoir; j'ai calmé un peu son ardeur. J'ai sauvé un certain nombre de gens compromis. Après un an de résidence à Madrid, M. Drouyn de Lhuys jugea à propos de me faire remplacer par le prince Napoléon et de me destiner à l'ambassade de Berne. Le jour où j'arrive à Paris, je me rends à l'Assemblée nationale, dans la tribune du corps diplomatique, et là, j'assiste à une séance très agitée. Un télégramme d'Italie venait d'annoncer que le général Oudinot, malgré les déclarations qu'on faisait en public, avait attaqué l'Italie, ou du moins la République romaine, et que le Gouvernement s'était fort compromis. Il n'était question de rien moins que d'envoyer le prince-président à Vincennes, de renverser, naturellement, le ministère, et de donner des ordres sévères pour qu'on changât la direction de la politique erronée du Gouvernement. Il y avait une irritation très grande à la Chambre. M. Ledru-Rollin et tous les montagnards montraient le poing au ministère, et on allait presque en venir aux mains, lorsque M. Senard, qui avait beaucoup d'expérience, calma ses amis et les engagea à remettre la séance à la nuit, pour délibérer sur ce qu'il y aurait à faire. Dans cet intervalle, les comités de la Chambre se réunirent et M. Senard leur dit : « Le Gouvernement a eu grand tort, mais il a reconnu et déclaré qu'il n'avait pas donné d'ordre... il a tout rejeté sur le général. Dans cette situation, si l'on envoie à Rome, sans faire de bouleversement intérieur, un homme sur lequel on puisse compter, je suis convaincu que les choses pourront s'arranger. » Puis, il m'a nommé, et a dit : « Je ne vous le donne pas comme un républicain faisant des révolutions, mais il a toujours servi son pays à l'étranger, sans s'occuper de politique intérieure, et, s'il accepte une mission, il l'accomplira. » Alors je fus appelé par le ministre des Affaires étrangères, qui m'apprit que l'Assemblée nationale m'avait désigné pour porter ses instructions, ayant pour base quatre exemplaires du *Moniteur*, avec le compte rendu de la séance d'une assemblée souveraine composée de 900 membres. Le prince-président me fit demander à l'Élysée, pendant que j'étais chez M. Drouyn de Lhuys, pour lire mes instructions qui furent trouvées très vagues.

Le général Oudinot, n'ayant pas d'artillerie, avait dû reculer, avec perte d'hommes. Il se trouvait dans une situation fort pénible. Comme c'était le fils d'un glorieux maréchal de France, je tenais à le tirer de la position difficile dans laquelle il se trouvait. Le président, après mon départ de Paris, avait télégraphié au général et à moi qu'il fallait déclarer aux Romains que nous ne nous joindrions pas aux Napolitains contre eux ; alors il fallait dégager le général Oudinot. J'écrivis au comte de Ludolf, ministre des Affaires étrangères du roi de Naples, dont l'armée était campée de l'autre côté de Rome, que l'Assemblée nationale, à Paris, s'était prononcée contre ce qui avait été fait.

J'arrivais donc à Rome dans des circonstances très difficiles. La ville était agitée. Garibaldi, qui s'y trouvait avec son armée, sachant qu'il n'avait plus affaire qu'aux Napolitains et que les Français resteraient simples spectateurs de ce qui se passerait, poursuivit l'armée du roi de Naples. Quand on vit que je cherchais à arranger les choses, les hommes exaltés s'imaginèrent que je n'agissais pas loyalement et résolurent de me faire un mauvais parti. Je fus informé de ce projet par un homme dont je parlerai tout à l'heure, un de ces conspirateurs qu'on rencontre partout, qui avait été condamné en Espagne, qui devait être fusillé, et à qui j'avais sauvé la vie. Il allait me rendre la pareille. En effet, voici ce qui se passa. Aussitôt arrivé à Rome, j'avais rassemblé les Français autour de moi; je leur annonçai que j'allais commencer mes négociations, ajoutant : « Vous reviendrez demain. Je vous indiquerai où nous en sommes. » Ils m'applaudirent et je descendis... Plusieurs me serrèrent la main dans l'escalier. J'avais emmené le général Vaillant, qui devait prendre le commandement, dans le cas d'une attaque de Rome, et remplacer le général Oudinot, s'il ne marchait pas avec moi. Le lendemain, je venais d'avoir une conférence avec le triumvirat; j'allais partir pour le rendez-vous que j'avais donné aux Français, lorsque je vois un homme accourir, les cheveux en désordre, presque haletant; il me dit : « Monsieur de Lesseps, j'arrive à temps, puisque vous n'êtes pas parti. Hier, quand vous êtes descendu de la salle où vous aviez réuni les Français, trois hommes se sont approchés de vous. Vous avez cru, naturellement, qu'ils faisaient partie de votre réunion, que c'étaient des compatriotes, et l'un d'eux vous a présenté la main. Vous avez répondu, vous vous êtes tourné... Eh bien, celui qui vous a pris la main doit vous la prendre aujourd'hui, en sortant; puis, celui qui était à côté de lui a regardé vos mouvements, et il vous assassinera en vous coupant la carotide, comme on l'a fait à Rossi, dans la même situation. » Rossi avait reçu une lettre d'une dame à laquelle l'homme, qui voulait me sauver en ce moment, avait écrit pour lui faire part du projet qu'on avait formé de l'assassiner... La lettre était encore dans sa poche. Il n'y avait pas nécessité absolue à ce que j'allasse moi-même à l'ambassade : j'avais promis aux Français de leur rendre compte de mes négociations, je pouvais envoyer quelqu'un pour leur en faire connaître le résultat; mais je dis à mon homme : « Jurez-moi que la personne qui ira à ma place ne courra aucun danger. » Alors, il me répondit : « Je le jure. — Il ne s'agit pas de cela. Je ne vous demande pas de jurer sur l'Évangile : vous ne connaissez pas l'Évangile, mais jurez-moi sur tout ce que vous avez de plus cher. — Eh bien, sur la tête de ma sœur. — Je vous crois. » Alors je laissai partir M. de La Tour-d'Auvergne, mon second secrétaire d'ambassade.

Il tardait un peu à revenir, cela m'inquiétait beaucoup, lorsque je vois arriver le prince Wolkonsky, chargé d'affaires de Russie, qui me dit : « Hier, quand vous avez réuni les Français (je vous en demande pardon, mais, dans notre métier, nous sommes obligés de rendre compte à nos gouvernements de tout ce qui se passe d'important), voici ce que j'ai fait : comme j'étais très lié avec le duc d'Harcourt, votre prédécesseur, je connaissais un petit escalier, dont le palier donne sur le salon où vous avez reçu les Français. Je me suis mis l'oreille à la porte et j'ai écouté tout ce que vous avez dit. J'en ai informé mon gouvernement. Aujourd'hui, je me préparais à faire la même chose. J'étais dans l'encoignure, derrière la porte du salon, lorsque j'entendis trois hommes qui parlaient en français, dire très bas : « Ah! le gredin « n'est pas venu aujourd'hui. Sans cela l'affaire était « finie à l'arme blanche. Pourquoi n'est-il pas venu, « M. de Lesseps? »

Un de mes amis, le comte Rampon, depuis vice-président du Sénat, un ancien camarade de collège, qui se trouvait dans la salle, a empoigné un des hommes, a ouvert la fenêtre et allait le jeter dans la rue; mais les Français l'ont entouré et ont repoussé ces trois individus dans l'escalier où se trouvait justement le prince Wolkonsky.

Au retour de M. de La Tour-d'Auvergne, je lui dis : « Qu'est-ce qui s'est passé? — Trois hommes se sont approchés de la voiture à mon départ et ont un peu crié, parce que vous n'étiez pas venu. »

On m'avait donné le colonel de Maubeuge pour m'aider dans mes négociations. Je l'envoyai chez Mazzini pour me plaindre de ces trois hommes. J'avais leurs noms : l'un avait été même condamné en France, c'était un nommé Colin, qui est mort depuis; les deux autres sont morts aussi.

Je me rappelle que, la nuit précédente, une douzaine d'individus étaient venus sous les fenêtres de mon hôtel et avaient chanté : *Ça ira, ça ira, les aristocrates à la lanterne!*

J'envoyai M. de Maubeuge, avec un secrétaire, à Mazzini, pour lui dire que si mes trois assassins n'étaient pas mis immédiatement par lui au fort Saint-Ange, je donnerais sur-le-champ, au général Oudinot, l'ordre d'attaquer la ville. Il me répondit qu'il n'avait pas le pouvoir de faire arrêter ces hommes. Celui qui m'avait sauvé la vie était au courant de toutes choses. Il m'avait avisé qu'il se tiendrait, d'ordinaire, au coin d'une rue donnant sur mon hôtel.

Je lui fis signe de venir : « Voilà ce que Mazzini me répond ; il me dit qu'il ne peut pas calmer la population (on avait mis les confessionnaux et les voitures des cardinaux sur les places publiques pour les brûler ; on était fort inquiet) ; qu'est-ce qu'il faut faire? demandai-je à cet individu. — C'est à Ciceronaccio qu'il faut s'adresser. » (C'était un homme du peuple qui avait une grande influence sur la population, et qui avait organisé la révolution.) Alors, j'envoyai prévenir Mazzini que s'il n'était pas capable de calmer la population, Ciceronaccio allait le faire. Et, en effet, tout fut bientôt rentré dans l'ordre.

Cependant, la nuit était venue. Je sortis en redingote et en casquette ; je vis la population de Rome se disposant à accompagner l'armée de Garibaldi, qui allait poursuivre les Napolitains. Mon sauveur était à côté de moi. Il me dit : « Faites attention, la situation est extrêmement tendue. Je vous engage fort à aller trouver Mazzini, cette nuit. Ces gens qui accompagnent Garibaldi seront fatigués, ils rentreront tard, et je vous donne rendez-vous à une heure du matin au Monte-Cavallo (devant le palais de la Consulta, où se trouvait le gouvernement et Mazzini) ; vous me rencontrerez au pied d'une des grandes statues de Phidias qui sont là. » A l'heure convenue, je monte, simplement, jusqu'au Monte-Cavallo, et, malgré l'obscurité, je distingue très bien quelqu'un au pied d'une des statues ; je m'avance ; j'entends armer un pistolet... et crier : « Qui est là? » Je réponds : « C'est moi. » Mon homme reconnaît ma voix : « Comment se fait-il que vous, qui avez été dix ans en Espagne, au milieu de toutes les révolutions, vous venez ici, vous entendez armer un pistolet et vous n'armez pas le vôtre ! — Je n'en ai pas ! — Vous êtes bien imprudent ! — Qu'est-ce qu'il faut faire ? — Eh bien, vous voyez le palais de la Consulta. Toutes ces fenêtres qui donnent sur la place sont celles des chambres que vous devrez traverser, il faut aller de l'une dans l'autre, parce qu'il n'y a pas de corridor. C'est comme aux Tuileries, me dit-il, où l'on est toujours obligé de passer par le devant, le long des fenêtres. Vous allez monter au premier étage. Dans ce moment, les gardiens sont fatigués ; les soldats de Mazzini sont couchés dans l'escalier ; vous passerez à côté d'eux. Je vous conseillerai fort, cependant, d'ôter vos souliers. — Par exemple ! J'ai vu, dans les romans d'Alexandre Dumas, que les galériens ôtaient leurs souliers pour voler une maison, mais je suis ambassadeur de France. Ce que je fais ici, c'est pour empêcher des désordres nuisibles à la politique de mon pays. Par conséquent, j'irai franchement, et si on me découvre, je dirai qui je suis, que j'ai à parler à Mazzini. — Mazzini est dans la dernière pièce ; il dort maintenant d'aplomb jusqu'à trois heures du matin, parce qu'il est très fatigué de la journée. Si on vous prend... il y a des gens qui ont été jetés dans un petit canal qui conduit au Tibre. Mais, enfin, je pense que ça n'arrivera pas. Montez dans le vestibule à gauche, vous verrez l'entrée des appartements. Si la porte n'est pas ouverte, comme elle est au pêne, vous l'ouvrirez, vous tâterez la muraille ; il fera obscur ; à un endroit, vous tournerez de l'autre côté ; à la cinquième fenêtre (vous les compterez) après, se trouve un grand salon avec trois fenêtres, et puis un autre salon partagé en deux. Il y a, d'un côté, les secrétaires de Mazzini qui couchent au fond, dans deux lits, et puis son neveu qui couche en travers de sa porte. Une fois que vous serez arrivé dans cette dernière chambre, il n'y aura pas d'obstacle, probablement.

« Vous trouverez Mazzini étendu, dans une chambre très simple, sur un lit en fer; à côté de son lit est une petite table où se trouve cette lumière qu'il garde, la seule qui soit dans le palais; puis, au pied de son lit, il y a une petite chaise... vous pourrez vous asseoir... »

J'accomplis cet étrange voyage de découverte.

J'arrive là... je vois Mazzini... je ne dis pas que j'avais peur, mais c'est toujours un peu émotionnant, quand on fait ce métier, de traverser tous ces appartements, au milieu de ces gardiens... je regarde Mazzini. Il avait une figure magnifique. A cette époque, il était jeune encore, bien qu'il eût déjà été renvoyé de tous les États. J'attends un peu pour voir s'il se réveillerait de lui-même, mais il dormait profondément. Je dis : « Mazzini!... Mazzini!!... » Alors je crie : « Mazzini!!!... » Il se lève sur son séant, me regarde et dit : « Vous venez pour m'assassiner? — Ah! je vous avoue franchement, répondis-je, que, si l'un de nous deux doit assassiner l'autre, ce n'est pas moi. »

« J'ai appris que vous ne vouliez pas agir franchement. J'ai ordre de ne pas traiter avec vous (à cause des difficultés diplomatiques que la France aurait pu avoir avec d'autres États contre lesquels il avait conspiré); on aurait vu avec peine que vous fussiez le directeur des négociations que je vais entamer à

Rome. Vous avez une assemblée romaine, composée de grands propriétaires du pays, qui sont dévoués à votre cause et qui n'inspirent pas de défiance à l'Europe, c'est avec elle que je dois négocier. J'ai ordre de ne pas traiter avec vous; mais, comme vous êtes l'homme le plus important, j'ai voulu que vous soyez au courant de tout. Dans la séance qui a eu lieu, ce soir, avant le départ de Garibaldi, vous le savez, on avait désigné, pour négocier avec moi, des hommes des États romains, mais pas de la ville de Rome, ou quelques-uns seulement, et alors vous avez voulu vous faire mettre à leur place. Par conséquent, vous avez manqué à votre parole et à ce qui avait été convenu. »

Dans les circonstances difficiles, les femmes pleurent et les hommes s'embrassent; Mazzini s'est jeté à mon cou et nous nous sommes embrassés. De sorte que nous avons continué à traiter. J'appris plus tard que, poussé toujours par les siens, il faisait une certaine opposition au but de la négociation, et qu'il entretenait l'agitation à Rome. J'étais au quartier général pour préparer ma négociation, lorsque je vois toujours mon homme, un nommé Veyrassat, un statuaire, un Suisse, qui vient, couvert de sueur (le quartier général était à une heure de la ville de Rome), me dire : « Vous retournez à Rome dans votre voiture. » Je devais, en effet, y aller, parce que les rapports s'étaient établis très amicalement; Mazzini avait paru de bonne foi, et, alors, j'avais prié le général d'envoyer à la ville de Rome, aux dames qui soignaient nos blessés, une voiture d'ambulance avec pharmacie et objets d'hôpitaux. J'estimais que c'était un remerciement qu'il fallait faire à la princesse

Beljoioso et aux autres dames de charité. Le général y avait consenti. Je devais donc accompagner cette ambulance dans ma voiture, avec un gendarme en tête.

Veyrassat me dit : « Ne partez pas, parce que toute la place d'Espagne et la via Condotti sont pleines de monde, et les gens qui veulent vous assassiner doivent le faire aujourd'hui ; il n'y a pas moyen que vous passiez, même par la porte de la ville, à moins que vous ne risquiez votre vie. » Ma foi, tout était arrangé pour mon départ, je demandai au quartier général un officier qui voulût bien m'accompagner. Ce fut le commandant Espivent, qui est aujourd'hui général ; il commandait dernièrement à Marseille. Il vint avec moi, en calèche découverte. Je lui dis : « Prenons chacun deux pistolets, et mon domestique se tiendra derrière, également avec des pistolets, pour repousser les personnes qui voudraient escalader la voiture, parce que les gens qui cherchent à tuer par le poignard ont peur des armes à feu. » De sorte que j'étais à peu près certain qu'avec de la hardiesse je parviendrais chez moi, au milieu de la foule. Lorsque nous arrivâmes, le cheval du gendarme qui nous précédait commença par glisser... Heureusement, il n'est pas tombé. On lui avait présenté une pétition pour engager l'armée à se soulever ; il avait eu l'imprudence de la déchirer et de la jeter aux yeux du public. Alors la foule s'est approchée de la voiture ; mais, toutes les fois qu'on voyait mon pistolet on reculait ; le premier aide de camp d'Oudinot tendai le sien, et mon domestique empêchait d'escalader la voiture. Je traversai ainsi la foule et je parvins à l'hôtel d'Allemagne. Là je descends de voiture, l'officier également, mon domestique marchant à reculons derrière moi, et c'est de la sorte que je suis arrivé.

Je repris mes négociations avec Mazzini, qui semblait disposé à les suivre loyalement, lorsqu'on me fit savoir qu'un Français, qui est mort depuis, et qui avait été autrefois à Boulogne et à Strasbourg, excitait Mazzini contre l'armée française et qu'il lui avait conseillé, en réponse au cadeau que nous avions fait d'une ambulance de pharmacie, d'envoyer aux soldats des cigares, dans lesquels on devait introduire des proclamations adressées à l'armée française.

Le jour même, j'appris par Veyrassat que Mazzini avait, sur sa table, des petits morceaux de papier très fin qui étaient la proclamation où l'on excitait les soldats à se soulever. Je demandai à mon sauveur ce qu'il fallait faire. « Allez chez Mazzini, dans la journée, vers deux heures ; vous trouverez ces petits papiers sur sa table. Il ne se doutera pas que vous êtes au courant de la chose, et, comme il y a beaucoup de monde qui vient lui parler, à droite, vous vous placerez à gauche, vous pourrez prendre une de ces petites feuilles et lui prouver qu'il vous trompe encore une fois. »

J'arrive à deux heures ; Mazzini causait avec diverses personnes, et, pendant que l'une d'elles appelait son attention, je mis une proclamation au fond de mon chapeau, et l'interpellant : « Monsieur, vous ne savez pas ce qu'on m'a dit ? Vous avez été deux fois de suite entraîné par vos amis, anciens conspirateurs ; vous avez deux fois essayé de me tromper. Aujourd'hui, c'est la troisième. J'ai appris que vous vouliez envoyer des proclamations aux soldats français. Le soldat français brûlerait la maison de sa mère, s'il en recevait l'ordre. Malgré l'expérience que vous avez de toutes les populations, vous ne connaissez pas le soldat français. Par conséquent, c'est une faute très grande que vous avez commise. — Non, non! — Comment, non? » Je prends alors mon petit papier qui était au fond de mon chapeau... et je lui dis : « J'ai fait une chose que je ne ferai jamais : c'est de prendre cette feuille que voilà... » Alors il m'embrassa pour la seconde fois, et je poursuivis mes négociations, terminées par un projet de convention.

Enfin, cela fait, je revins à Paris. Ceci est l'origine du canal de Suez. Le gouvernement français m'avait laissé agir sans me donner un seul mot de réponse : on me trahissait derrière moi, jusqu'au moment où on devait me trahir ouvertement. J'envoyai à Paris mes quatre secrétaires d'ambassade. Pas de réponse. On était bien aise de me compromettre, et on se proposait de réagir contre la politique de l'Assemblée nationale. Ce que voyant, je dis : « Je ne veux pas jouer deux rôles. » On a fini par me rappeler, et, quand on a été prêt, l'attaque de Rome eut lieu. Je revins donc à Paris. Le Gouvernement m'avait fait passer pour fou. Cela m'est arrivé deux fois dans ma vie. Je me suis fâché et j'ai donné ma démission du service actif.

C'est alors que, ayant une belle-mère excellente, qui m'aimait beaucoup, et je le lui rendais, une belle-mère qui avait de la fortune (je n'en avais pas), je me fis son intendant. Elle avait, près de Paris, une propriété d'une certaine valeur, mais qui ne servait à rien qu'à dépenser de l'argent; je la lui fis vendre et je lui fis acheter, dans le Berry, une propriété inculte qui contenait pas mal d'hectares; je l'ai fait cultiver. J'ai construit une ferme modèle qui existe encore, et réparé un vieux castel qui avait appartenu à Agnès Sorel.

Pendant que je dirigeais mes constructions, j'appris la mort du vice-roi d'Égypte, Abbas-Pacha. C'était un homme très cruel, très faux, qui avait gouverné l'Égypte depuis Méhémet-Ali et Ibrahim-Pacha, auxquels il avait succédé. Son successeur était le dernier fils de Méhémet-Ali : j'avais soigné son enfance; je lui avais appris à monter à cheval. Il était très gros, énorme; je lui faisais prendre de l'exercice, ce qui plaisait à son père. On donnait à ce jeune homme, fort intelligent, quatorze leçons par jour. Une fois que je causais avec Méhémet-Ali, il me dit : « Comme vous vous intéressez à mon fils, voici ses notes. Moi, je ne regarde pas tout cela. Je ne savais pas lire à l'âge de quarante ans, et même je lis très mal maintenant. — C'était le grand Méhémet-Ali qui a fait la prospérité de l'Égypte. — Eh bien, dans ces notes, je ne regarde que la dernière colonne, où est marqué son poids de la semaine précédente et son poids de la présente semaine, avec la différence. Si elle est en plus, je le fais punir, et si elle est en moins, je le fais récompenser. »

Dès que j'appris l'arrivée au pouvoir de mon élève, je lui écrivis pour le féliciter. Il me répondit, me priant de venir immédiatement le voir. Comme j'avais étudié complètement, depuis ma retraite, toutes les questions relatives au canal de Suez, je connaissais parfaitement l'isthme; je m'étais convaincu de la possibilité de aire l'entreprise du percement, qui avait frappé mon imagination quand j'avais lu les mémoires de Lepère, notre ingénieur en chef de l'expédition du général Bonaparte. Je repris mes anciens travaux, persuadé que j'obtiendrais la concession.

Le vice-roi m'appela au Caire, où il allait prendre possession du pouvoir, et, immédiatement, il réunit ses généraux et les consulta sur la question. Comme je montais à cheval avec eux et qu'ils étaient disposés à apprécier un homme qui monte bien à cheval et qui saute les fossés plus qu'un homme savant et instruit, ils me furent favorables, et, quand le vice-roi leur montra le mémoire que j'avais fait, il n'y eut qu'une voix pour dire qu'il ne pouvait refuser cela à un ami, de sorte que le vice-roi m'accorda une concession magnifique.

Voilà l'origine du canal de Suez. Une fois muni de cette concession, je dis au vice-roi : « Je ne suis pas financier, ni homme d'affaires. Comment voulez-vous que je fasse ? » J'avais beaucoup de collègues et d'amis qui avaient de la fortune ; j'en réunis cent autour de moi pour leur demander s'ils voulaient, avec moi, faire une société de fondateurs. Nous avons mis chacun 5.000 francs, et chacune de ces parts vaut un million et plus aujourd'hui. Ces parts ont servi aux premières études que j'ai fait faire, en amenant des ingénieurs d'Europe sur le terrain qui n'avait pas encore été examiné, attendu qu'on n'avait jamais pensé qu'à se servir de l'eau du Nil pour faire un canal maritime. Mais j'avais eu toujours cette idée que, les deux mers étant de niveau, bien qu'on le niât, c'était un travail tout à fait maritime qu'il fallait faire. J'ai tenu bon, malgré tout ce qu'on a pu dire, et mon entêtement a réussi. Je veux faire la même chose à Panama, bien que beaucoup d'ingénieurs désirent, à cause de la différence de niveau, non pas de la mer, mais de la marée, faire une écluse. Je n'en ai pas voulu à Suez, je n'en veux pas à Panama; cela épargnera 40 millions. Je fis donc appel à des amis qui me versèrent chacun 5.000 francs, et je marchai jusqu'à ce que ces premiers fonds fussent épuisés. Je dis alors au vice-roi : « La question de possibilité d'exécution est résolue. Voulez-vous que je réunisse, à Paris, des financiers qui m'attraperont peut-être? » Il me répondit : « Ma foi, j'arrive au pouvoir; j'ai des réserves. (L'Égypte n'était pas dans l'état affreux où elle est maintenant). Je ferai toutes les dépenses. » Et, dans la constitution de la société, j'ai introduit un article d'après lequel il devait y avoir tant pour cent, sur les produits de l'entreprise, pour le gouvernement égyptien. La chose étant ainsi réglée, je me suis mis à l'œuvre. Nous avons continué à faire étudier le canal, mais il y a eu un moment où les oppositions de l'Angleterre furent telles que le pauvre prince en était obsédé. Il avait beau dire : « J'ai donné la concession imprudemment à un ami; il est Français, adressez-vous à lui ou à son gouvernement, je ne puis pas la retirer, » l'Angleterre agissait... Il maigrissait, le malheureux, et, un jour que nous étions ensemble au Caire, je lui dis : « Vous n'avez qu'une chose à faire; nous allons continuer à étudier le canal, cela se passe en dehors de l'Égypte, c'est dans le désert; mais on le saura, et on enverra des personnes pour vous tourmenter... Agissons autrement; il y a une population, dans le Soudan, qui a été opprimée par votre famille. Vous avez votre frère qui a été massacré du côté de Khartoum. »

Méhémet-Ali avait envoyé d'abord dans le Soudan, avec 100.000 hommes, son beau-frère qui en avait ramené 100.000 esclaves. Méhémet-Ali avait ensuite envoyé un de ses fils pour recueillir les tributs, les impôts établis par son beau-frère sur ce pays. Ces impôts consistaient en 1.000 objets de chaque espèce, ainsi : 1.000 charges de paille, 1.000 charges de bois, 1.000 charges de blé, 1.000 jeunes filles, 1.000 jeunes gens esclaves... et tout cela fut apporté et placé dans le camp. Alors les chefs du pays se sont entendus, et, la nuit, pendant que l'état-major était en gaieté, on a mis le feu autour du camp ; le bois, la paille ont si bien brûlé, qu'il n'en est pas sorti un seul homme. Dans ces circonstances, j'ai engagé le vice-roi à venir seul avec moi et quelques soldats, pour donner à ces populations le bien-être et des lois humaines.

Nous arrivâmes sur les frontières de l'Égypte, près de Korosko, et ensuite à Bou-Ahmed, du côté du désert ; nous avions deux caravanes qui marchaient à deux jours de distance pour ne pas épuiser l'eau que la première pouvait rencontrer. A Bou-Ahmed (c'était le premier de l'an), je souhaitai la bonne année au vice-roi, et je vins, le soir, le trouver à Berber, ville voisine. Là, au fond de sa tente, je vois un homme (il y avait seulement le dessus de la tente et le pourtour avait été enlevé à cause de la chaleur), dans un état de surexcitation extraordinaire. Il pleurait à chaudes larmes. Je lui dis : « Monseigneur, qu'est-ce que vous avez ? — Je pleure sur les malheurs causés par ma famille dans ce pays. Depuis que je suis arrivé, j'ai reçu des pétitions de tout le monde, j'ai vu des villages incendiés, qui n'avaient pas encore été reconstruits. C'est si triste que, ma foi, j'aime mieux tout abandonner et revenir en Égypte. — Monseigneur, vous ne pouvez pas vous en aller ainsi. Vous êtes instruit, donnez des lois à ces populations, instituez des municipalités. » Alors cela l'a réconforté.

De là, nous sommes partis pour Chendi, l'endroit même où son frère aîné avait été massacré. C'est une chose extraordinaire la rapidité avec laquelle on peut rassembler des hommes en ce pays; ils partent sur des dromadaires, et, au bout de quelques jours, il y a des réunions de plus de 100.000 hommes. En arrivant à Chendi, on avait préparé une tente pour moi; le vice-roi me dit : « Vous verrez ce que je vais faire demain matin. » Le lendemain ce matin, toutes ces populations, venues depuis trois ou quatre jours, formaient une masse d'une centaine de mille hommes, le vice-roi leur dit : « Je viens d'apprendre que le vieux cheik turc, qui gouverne ce pays depuis vingt ans, a enfermé des esclaves chez lui. Il a contrevenu à mes ordres. Il y a, en particulier, un esclave qu'il a enchaîné dans sa cave. Allez chercher cet homme. » Alors il fit mettre le vieux cheik turc à plat ventre devant la population, lui fit administrer des coups de bâton et le chargea des chaînes que portait son esclave. Cela produisit une telle impression que tous criaient : « Allah! Allah! vive le Khédive! » Il s'approche d'eux et dit : « Vous voyez les forts que mon père a construits contre vous, il y a quarante ans, sur les bords du Nil. Allez en prendre les canons et jetez-les dans le Nil. » Je lui souffle à l'oreille : « Monseigneur, vous allez un peu trop loin : ils vont peut-être s'en servir après votre départ. — Ils ne peuvent plus tirer un seul coup », répondit-il.

C'était un politique. Il partit pour Khartoum, me

laissant avec les généraux, les ministres, afin d'enregistrer tous les chefs de famille de la population qui se trouvait là. Ç'a été l'affaire d'une journée. Nous demandions tous les renseignements nécessaires aux tribus qui avaient là des représentants. Nous avons mis des numéros sur des piquets, et chacun de nous a pris les noms des chefs, des plus riches, des plus âgés, des vieillards ; nous avons nommé les chefs des municipalités et nous sommes partis, le surlendemain, pour aller retrouver le vice-roi qui était à Khartoum. A notre arrivée, le vice-roi vient au-devant de moi, me prend la main et me dit : « Nous allons dîner ensemble. Vous entendrez une musique comme jamais souverain n'en eut : celle d'un vieux régiment de nègres qui date du temps de mon père. Le pharmacien du régiment a raccommodé les instruments à vent avec du sparadrap, de sorte que c'est comme cela que j'ai été reçu.

Nous entrons dans la salle à manger ; on apporte une petite table à côté du divan, et nous dînons. A la fin du repas, je vois que la figure du vice-roi devient sombre. Il avait l'habitude, lorsqu'il était chagrin, de ramener son bonnet rouge sur ses yeux, presque sur son nez. Il était très sanguin. Son cou, ses lèvres même se gonflaient.

Qu'est-ce qu'il a? Il semblait qu'il allait avoir une attaque d'apoplexie. Il était tout rouge. Qu'est-ce qui se passe? Il se lève tout d'un coup. La salle était très longue. Il détache son sabre de son ceinturon, il le jette au fond de la salle et s'écrie : « Laissez-moi, ne m'interrogez pas. — Qu'est-ce que vous avez? » Ses ministres et tout le monde se sauvent. Il appelle un de ses confidents : « Menez M. de Lesseps dans la chambre. — Dans quelle chambre? — Dans la mienne. » On avait préparé une superbe chambre pour lui, en haut. Il marchait de long en large, en disant : « Laissez-moi, laissez-moi! Conduisez M. de Lesseps dans la chambre. » On me conduisit dans une chambre magnifique. Je ne sais pas comment, à Khartoum, on avait pu réunir tous les meubles qui se trouvaient là : des candélabres en cristal de cent bougies chacun, des rideaux en lampas, etc...

Tous les ministres étaient dans la stupeur; à cinq ou six cents lieues de la capitale, voilà le souverain qui devient fou! il y avait là quelque chose d'extraordinaire! Nous voyions, de temps en temps, le confident du vice-roi pour avoir des nouvelles de son état... Enfin, à deux heures du matin, il fait demander un bain, pour se calmer sans doute... Je vous montre ce que c'est que ces princes orientaux d'autrefois. Le pouvoir absolu rend quelquefois furieux. Le lendemain matin, à trois heures, il me fait demander. Il était dans une petite chambre, sur un divan, très commodément étendu, fumant sa pipe. Il s'était calmé. Il me dit : « Vous avez demandé de vous promener sur le Nil blanc et le Nil bleu; vous avez deux barques, avec un cuisinier qui est le mien; vous pouvez aller vous promener sur le Nil blanc et sur le Nil bleu. — C'est-à-dire que vous m'envoyez promener? Mais enfin que vous est-il arrivé hier soir? Voulez-vous me le dire? » Voici ce qui s'était passé. Il s'était dit : « Comment, voilà un homme qui arrive de Paris, qui quitte sa famille, qui vient à Khartoum, à cinq cents lieues du Caire, il me donne un bon conseil, et moi je n'ai pas eu cette idée-là! » Voilà ce que c'est que le pouvoir absolu; il était furieux contre moi, et il a jeté son sabre pour ne pas s'oublier dans un moment de fureur. Depuis son enfance, il me connaissait; c'est pour cela qu'il a lancé son arme loin de lui, voyant que sa tête se dérangeait. Mais il me renvoyait pour pouvoir faire lui-même les magnifiques ordonnances qu'il a données et qui ont tranquillisé ce pays, en le ramenant à un bien-être dont le progrès n'a été arrêté que par l'expédition anglaise.

Lorsque Gordon se trouvait à Khartoum, comme gouverneur, le vice-roi m'annonça qu'il l'avait appelé au Caire pour faire partie de la première commission d'enquête, dont j'étais le président. Je lui dis : « Vous avez eu tort. Gordon est un homme très capable, très intelligent, très honnête, très courageux, mais qui tient la comptabilité du Soudan dans sa poche, avec des petits morceaux de papier. Ce qu'il paye et ce qu'il a dépensé, il met cela dans une de ses poches, à droite; ce qu'il à recevoir, à gauche; puis il fait deux sacs, il les expédie au Caire, et on lui envoie l'argent. Ce n'est donc pas un homme qui puisse régler les affaires d'Égypte. » Le vice-roi lui télégraphie de rester, mais comme il était si actif, il est venu. Comme il administrait parfaitement le pays, selon les traditions laissées par Mohamed-Saïd, je l'ai invité à prendre connaissance des explications de ces ordonnances, qu'il n'avait pas lues et que j'ai fait traduire. Il les a suivies et, s'il n'y avait pas eu l'expédition anglaise, le Soudan ne serait pas dans l'état où il est, menaçant le territoire d'Égypte. Ce sont des renseignements historiques que je donne et qui ne sont nulle part.

J'ai pensé que c'était une occasion, aujourd'hui, de

dévoiler tout ce qui s'est passé en Égypte. Depuis lors, me trouvant à Londres, à l'époque de l'expédition anglaise, j'ai appris qu'on devait bombarder Alexandrie; personne ne le savait encore; je suis revenu à Paris immédiatement, et j'ai prié MM. de Freycinet et Ferry de sortir du conseil de cabinet qui qui se tenait à l'Élysée : « Je vous avertis qu'on va bombarder Alexandrie, que nous avons créée, qui a prospéré, grâce aux ingénieurs que nous avons envoyés, aux marins, à tous les hommes qui ont civilisé l'Égypte. Eh bien, ce n'est pas la France qui doit porter le carnage à Alexandrie. C'est une ville que j'ai connue avec 45.000 âmes, elle en a maintenant 200.000; c'est une ville qui a été créée par la France, nous ne pouvons la bombarder. » Alors, on a envoyé un télégramme pour ordonner à notre flotte de s'éloigner d'Alexandrie. Je raconte ces faits, qui sont très peu connus. Notre Gouvernement, à cette époque, a été extrêmement loyal; il a compris parfaitement la situation, il n'a pas voulu prêter son appui aux Anglais, concourir à la destruction d'un pays que nous avions créé, pour ainsi dire.

C'est de l'expédition de Bonaparte et de l'arrivée des Français que date la prospérité de l'Égypte, et actuellement elle est en train d'être ruinée. Je ne me cache pas, lorsque je vais en Angleterre, pour dire aux Anglais qu'ils ne pourront rien faire là-bas. Depuis le commencement du monde historique, tous les conquérants de l'Égypte ont dû l'abandonner : les Perses, les Assyriens, les Grecs, tous. Il y a là une raison fondamentale : c'est que les Européens, les étrangers ne peuvent pas y produire. Un pays où on ne peut pas produire est un pays qu'on ne peut pas continuer à habiter et à gouverner. J'espère que le moment arrivera où les Anglais le comprendront ; ils ont déjà perdu beaucoup de monde, ils ont dû abandonner le Soudan. Ce qu'il faudrait, ce serait une meilleure organisation en Égypte. Je regrette, je le déclare très hautement, qu'on ait dépossédé le prince autrefois au pouvoir pour donner sa succession à son fils, qui est un bon jeune homme, mais qui n'a pas la puissance ni l'autorité qu'avait son prédécesseur, lequel avait couvert le pays de télégraphes, de chemins de fer, et qui est le seul, suivant moi, qui puisse y retourner avec avantage. Je ne fais pas de diplomatie, je donne mon avis devant tout le monde, et je proclame que la seule manière de sauver l'Égypte est d'y ramener non pas l'influence exclusive de la France, mais l'influence qu'elle a légitimement acquise en civilisant ce peuple depuis cinquante et presque quatre-vingts ans, puisque ses progrès datent de l'expédition française. La France ne cherche pas à y dominer les autres nations, mais elle cherche à maintenir l'influence à laquelle elle a droit.

Nous avons dépensé 505 millions pour le canal de Suez, et nous avons rendu à la France (c'est une chose que chacun peut savoir, j'en ai donné la note au Gouvernement), nous avons rendu à la France : 1 milliard 250 millions.

ORIGINES

DU

CANAL DE SUEZ

A M. S. W. Ruyssenaers, Consul général des Pays-Bas, en Égypte.

Paris, 8 juillet 1852.

Il y a déjà trois ans que j'ai demandé et obtenu la disponibilité de mon grade de Ministre plénipotentiaire, à la suite de ma mission d'envoyé extraordinaire à Rome.

Depuis 1849, je n'ai cessé d'étudier sous toutes ses faces une question qui avait déjà occupé mon esprit, pendant que nous formions en Égypte, il y a vingt ans, nos liens d'amitié.

J'avoue que mon entreprise est encore dans les

nuages et je ne me dissimule pas que, tant que je serai seul à la croire possible, ce sera comme si elle était impossible.

Pour la faire accepter par le public, il faudra une base qui manque. C'est pour avoir cette base que je demande votre coopération.

Il s'agit du percement de l'isthme de Suez, auquel on a songé depuis le commencement des temps historiques, et qui, par cela même, est regardé comme inexécutable. On lit, en effet, dans les dictionnaires de géographie, que le projet aurait été exécuté depuis longtemps, s'il ne devait pas rencontrer des obstacles insurmontables.

Je vous envoie un mémoire, résultat de mes anciennes et de mes nouvelles études. Je l'ai fait traduire en arabe par mon ami Duchenoud, le meilleur interprète du Gouvernement. C'est un document tout confidentiel; vous jugerez si le vice-roi actuel, Abbas-Pacha, est homme à en comprendre l'utilité pour l'Égypte, et s'il est disposé à concourir à son exécution.

Au même.

Paris, 15 novembre 1852.

Lorsque vous m'avez écrit qu'il n'y avait aucune chance de faire accepter par Abbas-Pacha l'idée du percement de l'isthme de Suez, j'ai communiqué mon projet à un financier de mes amis, M. Benoit Fould, qui devait s'associer à une opération ayant pour but de créer, à Constantinople, un Crédit mobilier. Il a été frappé de la grandeur de l'entreprise et de l'avantage qu'il y aurait à comprendre, parmi les concessions à demander à la Turquie, le privilège de l'exécution du canal de Suez.

Le négociateur envoyé à Constantinople rencontra des difficultés qui firent renoncer au projet. Un des arguments qui lui furent opposés était l'impossibilité de prendre l'initiative d'un travail à exécuter en Égypte, où le vice-roi avait seul la faculté de l'entreprendre.

Dans cette situation, je laisse dormir mon mémoire sur le percement de l'isthme, et, en attendant des temps plus propices, je m'occuperai d'agriculture et de la construction d'une ferme modèle, dans une propriété que vient d'acquérir ma belle-mère, Mme Delamalle.

Au même.

La Chénaie, 15 septembre 1854.

J'étais occupé, au milieu de maçons et de charpentiers, à faire élever un étage au-dessus du vieux manoir d'Agnès Sorel, lorsque parut, dans la cour, le facteur postal, apportant le courrier de Paris. Les ouvriers me passèrent de main en main mes correspondances et les journaux. Quelle ne fut pas ma surprise, en lisant la nouvelle de la mort d'Abbas-Pacha et de l'avènement au pouvoir de notre ami de jeunesse, l'intelligent et sympathique Mohammed-Saïd ! Je descendis bien vite des hauteurs de mes constructions, et je m'empressai d'écrire au nouveau vice-roi pour le féliciter. Je lui rappelai que la politique m'avait fait des loisirs dont je profiterais pour aller lui présenter mes hommages, dès qu'il me ferait connaître l'époque de son retour de Constantinople, où il devait aller recevoir son investiture.

Il ne tarda pas à me répondre, et me fixa le commencement de novembre pour notre rencontre à Alexandrie. Je veux que vous soyez un des premiers à savoir que je serai exact au rendez-vous. Quel bonheur de nous retrouver ensemble sur notre vieille terre d'Égypte ! Pas un mot à qui que ce soit du projet du percement de l'isthme, avant mon arrivée.

A Madame Delamalle, à Paris.

(*Journal.*)

Alexandrie, 7 novembre 1854.

Le paquebot des Messageries *le Lycurgue* m'a débarqué ce matin, à huit heures, à Alexandrie. L'ami Ruyssenaers, consul général de Hollande, et le ministre de la Marine Hafouz-Pacha, sont venus me prendre de la part du vice-roi. Je suis monté dans une voiture de la cour qui devait me conduire dans une des villas de Son Altesse, située à une lieue d'Alexandrie, sur le bord du canal Mahmoudié.

Je trouvai, en arrivant, rangé sur les marches de l'escalier, tout un personnel de serviteurs, qui me saluèrent par trois fois en étendant leur main droite jusqu'à terre et la reportant ensuite à leur front. C'étaient des Turcs et des Arabes. En tête se trouvaient un valet de chambre grec et un cuisinier marseillais nommé Ferdinand.

Voici la *description* de mon habitation, que j'avais vu construire autrefois par M. de Cerisy, célèbre ingénieur de nos constructions navales, fondateur de l'arsenal d'Alexandrie, d'où il a fait sortir en peu de temps douze vaisseaux de ligne et douze frégates. M. de Cerisy a beaucoup contribué, sous Méhémet-Ali, à l'affranchissement de l'Égypte. Le pavillon principal est situé au milieu d'un jardin délicieux, entre deux avenues; l'une donnant sur la plaine d'Alexandrie, du côté de la porte de Rosette, l'autre, sur le canal Mahmoudié. Il servait, il y a quelques jours encore, à la princesse qui a donné dernièrement à Saïd-Pacha un fils nommé Toussoum. Les appartements de réception et la salle à manger sont au rez-de-chaussée; au premier, le salon est très gai, il est entouré de riches divans et a, par quatre grandes fenêtres, la vue des deux avenues; à la suite est la chambre à coucher avec un lit ouaté à baldaquin; les rideaux sont en beau lampas jaune brodé à fleurs rouges et à franges dorées. Il y a, en outre, intérieurement, des doubles rideaux en tulle broché. A la suite de la chambre, un premier cabinet de toilette dont les meubles, garnis de parfumerie, sont en palissandre et marbre; au fond un second cabinet non moins élégant, ayant sur une tablette un grand bassin avec son aiguière en argent; à des portesmanteaux pendaient de longues serviettes moelleuses à broderies d'or.

Je venais de faire l'inspection de mon appartement, lorsque sont entrés des intimes du vice-roi. Je les fis causer sur les habitudes de Saïd-Pacha, depuis son avènement, sur ses goûts, les tendances de son esprit, sur les personnes qui l'entouraient, sur celles qui paraissaient être, dans ce moment, en faveur ou défaveur, toutes choses qu'il est bon de connaître à l'avance, lorsqu'on est l'hôte d'un prince. Ces messieurs me dirent que, depuis son retour de Constantinople, il avait souvent parlé de ma visite, en entretenant son entourage de son ancienne amitié pour moi. Je fus prévenu qu'il m'avait attendu pour m'emmener avec lui au Caire, voyage qu'il doit faire par le désert, le long de la chaîne lybique, à la tête d'un corps d'armée de 10.000 hommes. Ce voyage sera certainement intéressant, il durera de huit à dix jours. Le départ est arrêté pour dimanche prochain.

Je vois arriver un supplément de serviteurs. Ce sont : un kaouadji bachi (cafetier en chef) accompagné de plusieurs aides et un chiboukchi bachi (chef des pipes), escorté de quatre acolytes avec leurs insignes, consistant en une douzaine de longues pipes à gros bouts d'ambre garnis de diamants. Du reste, la mission de ces personnages n'est pas une sinécure, car, dans une maison confortable de grand seigneur turc, les pipes et les petites tasses de café (findjanes) se succèdent et se renouvellent à chaque visite.

Un officier du vice-roi m'est ensuite envoyé et m'annonce que son Altesse me recevra à midi, à son palais de Gabbari.

J'ai pensé que, justement parce que j'avais connu

le prince lorsqu'il se trouvait dans une autre position, il convenait de lui témoigner cette déférence respectueuse que le cœur humain accepte toujours avec plaisir.

J'ai ajusté sur l'habit noir les plaques, les décorations et un grand cordon.

Le vice-roi m'a reçu avec effusion. Saïd-Pacha me parla de ses souvenirs d'enfance, de l'appui que je lui avais quelquefois donné contre les sévérités de son père, des persécutions qu'il avait subies et de ses malheurs sous le règne d'Abbas-Pacha, enfin de son désir de faire le bien et de rendre la prospérité à l'Égypte. Je le félicitai de ses intentions, ajoutant que si la Providence avait confié le gouvernement le plus absolu de la terre à un prince qui avait acquis dans sa jeunesse une solide instruction et qui, plus tard, avait été rudement éprouvé par la mauvaise fortune, c'était pour un grand but, et que j'étais convaincu qu'il justifierait sa mission.

Il fut question de la prochaine excursion militaire dans le désert, parmi les tribus d'Arabes Bédouins, et il fut convenu que je serais du voyage sans avoir à m'occuper d'aucun préparatif.

En rentrant à mon pavillon, à onze heures du soir, je trouvai mon personnel rangé dans l'ordre déjà indiqué; le chef cuisinier me montra une table dressée avec luxe, à plusieurs couverts et orné de fleurs. Il me dit que l'ordre était donné pour que tous les jours la même table fût servie, matin et soir. Je lui répondis que je profiterais seulement de cet ordre pour les déjeuner et que j'allais me retirer dans mon appartement. Deux estaffiers s'offrirent pour me soutenir en montant l'escalier, brillamment illuminé. Je me laissai faire pour la première fois avec gravité et sang-froid, ainsi qu'il convenait à l'ami d'un souverain, qui doit paraître habitué à recevoir de pareils hommages.

Le 9 novembre.

Visite matinale au vice-roi, au palais de son père, à Raz-el-tyn, sur la pointe du port. C'est là qu'est son divan de réception officielle. Il me fait accepter à la première audience du nouveau consul général de Sardaigne, qui avait à lui présenter ses lettres de créance.

Après l'audience, nous entrons dans les appartements réservés, où nous avons une très longue et très intéressante conversation sur les meilleurs principes de gouvernement, mais où il n'est pas dit un mot du canal de Suez, sujet que je ne veux entamer qu'à coup sûr, et lorsque la question sera assez mûre pour que le prince puisse adopter l'idée comme lui appartenant plus encore qu'à moi-même.

Je devais agir avec d'autant plus de prudence que Ruyssenaers se rappelait lui avoir entendu dire, avant son avènement au pouvoir, que son père, Méhémet-Ali, auquel on avait proposé le percement de l'isthme de Suez, y avait renoncé, à cause des difficultés que pourrait lui susciter l'Angleterre, et que, quant à lui, s'il devenait jamais vice-roi d'Egypte, il ferait comme son père.

Ce précédent n'était pas encourageant, mais j'ai la confiance que je réussirai.

Le 11 novembre.

Le vice-roi m'envoie un beau cheval anézé qu'il a fait venir de Syrie. Je suis prévenu qu'il y a, ce matin, une revue de troupes dans une plaine, entre Alexandrie et le lac Maréotis. Je monte sur mon coursier et je vais rejoindre le vice-roi ; Soliman-Pacha commande les manœuvres; on fait l'exercice à feu. Dans un temps de galop, le prince voit se détacher de sa giberne un gland de diamants, il ne veut pas qu'on le ramasse et nous continuons notre course.

Le 12 novembre.

Le vice-roi m'annonce qu'il va, le jour même, mettre ses troupes en marche pour le voyage au Caire. Il donne l'ordre à son aide de camp de me conduire demain matin à sa première étape

Le 13 novembre.

J'ai quitté, ce matin, à six heures, le pavillon du vice-roi, monté sur le cheval dont il m'a fait cadeau, suivi d'un autre cheval conduit en main, de deux chameaux portant mes bagages, accompagné de deux Kawas à cheval et de deux Saïs à pied. Rendez-vous avait été donné à Zulfikar-Pacha au palais de Gabarri, d'où nous devions, en faisant le tour du lac Maréotis, aller rejoindre le quartier général du vice-roi. Pour ne pas retarder notre marche, nos chameaux et nos bagages furent placés sous la conduite d'un Kawas. Après avoir laissé à notre droite les anciens bains de Cléopâtre et la tour des Arabes, nous arrivâmes à un puits autour duquel le vice-roi avait, la nuit précédente, placé son campement. Il était parti, à quatre heures du matin, pour traverser le lac dans une partie à peu près desséchée. En suivant les traces des roues de sa voiture qui avaient laissé de profonds sillons dans des endroits où nos chevaux enfonçaient, nous avons pu remarquer que le passage des troupes avait dû être difficile. Pendant toute la route j'ai entretenu Zulfikar-Pacha que j'avais connu autrefois, lorsqu'il était le camarade d'enfance de Mohammed-Saïd, de mon projet dont il comprit l'importance pour l'Égypte ; il me promit de profiter de son intimité avec le vice-roi pour chercher à préparer son esprit et à le rendre favorable à mes propositions.

Après la traversée du lac, nous entrons dans cette partie du désert lybique qui, dans l'antiquité, a été un pays habité et civilisé et qui, depuis la conquête arabe. a été abandonné à quelques tribus de Bédouins. On voit de temps en temps, autour d'anciens puits, ces tentes noires en poil de chameau dont parle l'Écriture, et qui sont encore les mêmes en Palestine, en Syrie, en Arabie et sur toute la côte d'Afrique, depuis l'Égypte jusqu'au Maroc.

Le ciel se couvre un peu, une petite brise nous donne plus de fraîcheur que de l'autre côté du lac. J'assiste à une scène du désert. Un chien est occupé à dépecer un animal mort ; à quelques pas de lui se promènent gravement, sans se déranger à notre approche, des oiseaux de proie attendant leur tour.

Il est onze heures; Zulfikar et moi, nous prenons, tout en cheminant, du biscuit et des bâtons de chocolat, qui remplaçaient avec avantage dans nos fontes des armes inutiles.

D'une hauteur, nous apercevons le camp du vice-roi. Un Bédouin dit que nous y serons dans une demi-heure, mais, ici comme partout, les paysans donneurs de renseignements abrègent les distances. Je juge que nous en avons au moins pour deux heures. Ne redoutant ni la chaleur ni l'exercice, je poursuis avec plaisir ma route, sans mettre pied à terre.

Nous arrivons au camp à deux heures et demie; le vice-roi fait sa sieste; une tente est préparée à côté de la sienne pour Zulfikar-Pacha et pour moi. On y a installé un lit en fer avec un bon matelas, une couverture en soie ouatée, une natte, des pliants et une table en acajou.

On nous apporte la pipe et le café, puis on nous présente des bassins et des aiguières en argent; on nous asperge d'eau de rose; c'est la cérémonie qui précède le repas.

On nous sert une collation sur un plateau que soutient un escabeau et autour duquel nous prenons place. Sept à huit plats se succèdent. Je me disposais à me servir de mes doigts, comme mon compagnon, lorsqu'on met devant moi un couvert complet: cuillère, fourchette, couteau et assiette en porcelaine de Sèvres. Nous nous conformons à la prescription du prophète; il n'y a pas de vin, et nous nous contentons d'une excellente eau dans laquelle surnagent des morceaux de glace.

La musique militaire nous annonce le réveil du vice-roi ; je sors de ma tente au moment où il sort de la sienne; il m'appelle et nous entrons chez lui. Il me raconte comment il a fait traverser le lac à son artillerie, courant à cheval, d'une batterie à l'autre, excitant et encourageant chacun, car tout le monde l'ayant prévenu qu'il ne pourrait jamais franchir ce passage, il avait mis son amour-propre à le traverser. Il était fort gai. Nous restâmes plus de deux heures à causer tout seuls sur beaucoup de sujets qui m'intéressèrent vivement et qui, en définitive, avaient pour objectif, d'une manière générale, de chercher à illustrer le début de son règne par quelque grande et utile entreprise. Le prince me prêta beaucoup d'attention et me montra une complète confiance. Le temps passa rapidement. Nous fûmes avertis, par la cérémonie des ablutions, que l'heure du dîner était venue.

Le dîner fini, un courrier venant d'Alexandrie apporta au vice-roi sa correspondance de Constantinople, arrivée par un de ses bateaux à vapeur. Il se fit lire ses lettres par Zulfikar-Pacha, et à mesure, il me traduisait ce qu'elles contenaient.

C'étaient des dépêches de son agent à Constantinople et de Reschid-Pacha, le grand vizir. Parmi ces dépêches il m'en montra une, me disant qu'elle lui était écrite directement par la favorite du sultan, avec des remerciements pour un cadeau de 150.000 piastres. La lettre faisait, en outre, de la part de Sa Majesté impériale, des compliments sur la bonne tenue des troupes égyptiennes dernièrement envoyées en Turquie.

Les nouvelles de Sébastopol vont jusqu'au 2; la ville n'était pas encore prise. Les amiraux auraient déclaré aux généraux de terre que dans un mois la mer ne serait plus tenable. Cette circonstance allait provoquer une attaque décisive qui coûterait de dix à quinze mille hommes aux armées alliées. Je quittai le vice-roi à dix heures du soir.

Nous devons rester ici trois jours pour attendre deux régiments d'infanterie qui nous arrivent demain et deux régiments de cavalerie qui nous rejoindrons après-demain.

Le 15 novembre.

A cinq heures du matin, je n'étais pas encore habillé. Qui m'aurait vu, devant ma tente, avec ma robe de chambre rouge, semblable à la pelisse d'un chérif de la Mecque, faisant mes ablutions jusqu'au coude, m'aurais pris pour un vrai croyant, et, du temps de l'inquisition, j'aurais été brûlé vif, car vous savez que, parmi les cas qui provoquaient les tortures et les autodafé, figurait en première ligne le lavage des bras jusqu'au coude.

Le camp commence à s'animer, la fraîcheur annonce le prochain lever du soleil. Je me couvre de vêtements plus chauds que ma robe de chambre et je reviens à mon observatoire. Quelques rayons de lumière commencent à éclairer l'horizon ; à ma droite, l'orient est dans toute sa limpidité ; à ma gauche, l'occident est sombre et nuageux.

Tout à coup, je vois apparaître, de ce côté, un arc-en-ciel aux plus vives couleurs, dont les deux extrémités plongeait de l'ouest à l'est. J'avoue que j'ai senti mon cœur battre violemment et j'ai eu besoin d'arrêter mon imagination qui voyait déjà, dans ce signe d'alliance dont parle l'Écriture, le présage de la véritable union entre l'Occident et l'Orient du monde et le jour marqué pour la réussite de mon projet.

Le vice-roi m'aide à sortir de mes réflexions. Il s'avance vers moi. Nous nous souhaitons le bonjour par une bonne et franche poignée de main à la française. Il me dit qu'il a le projet de faire, ce matin, une partie de la promenade dont je lui avais parlé la veille, afin de voir, des hauteurs, toutes les dispositions de son camp. Nous montons à cheval précédés de deux lanciers et suivis de l'état-major. Arrivé à un point culminant, dont le sol est parsemé de pierres signalant d'anciennes constructions, le vice-roi trouve cet endroit très convenable pour préparer le départ du lendemain. Il envoie un aide de camp pour faire diriger de ce côté sa tente et sa voiture, espèce d'omnibus traîné par six mulets et disposé en chambre à coucher. La voiture est enlevée au galop par les mules jusqu'au haut de la colline. Nous nous asseyons à son ombre. Devant nous, le vice-roi fait élever par ses chasseurs un parapet circulaire formé de pierres ramassées sur le sol. On pratique une embrasure et l'on y place un canon qui salue le reste des troupes arrivant d'Alexandrie et dont les têtes de colonnes apparaissent au delà du camp.

Il est dix heures et demie; le vice-roi ayant déjeuné avant la promenade, je vais en faire autant avec Zulfikar-Pacha. En quittant le vice-roi, je veux lui montrer que son cheval, dont j'ai éprouvé les solides jarrets pendant ma première journée de voyage, est un sauteur de première force; tout en le saluant, je fais franchir d'un bond le parapet de pierres par mon anézé et je continue mon galop sur le penchant de la colline jusqu'à ma tente. Vous verrez que cette imprudence a peut-être été une des causes de l'approbation donnée à mon projet par l'entourage du vice-roi, approbation qui était nécessaire. Les généraux qui sont venus partager mon déjeuner m'ont fait compliment et j'ai remarqué que ma hardiesse m'avait considérablement grandi dans leur estime.

J'avais jugé que le vice-roi était suffisamment préparé, par mes précédentes conversations générales, à reconnaître l'avantage qu'a tout gouvernement à faire exécuter par des compagnies financières les grands travaux d'utilité publique. Guidé par l'heureux pressentiment de l'arc-en-ciel, j'espérais que la journée ne se passerait pas sans qu'une décision fût prise au sujet du percement de l'isthme du Suez.

A cinq heures du soir, je remonte à cheval et je retourne dans la tente du vice-roi, escaladant de nouveau le parapet dont je viens de parler. Le vice-roi était gai et souriant; il me prend par la main, qu'il garde un instant dans la sienne, et me fait asseoir sur son divan à côté de lui. Nous étions seuls; l'ouverture de la tente nous laissait voir le beau coucher de ce soleil dont le lever m'avait si fort ému, le matin. Je me sentais fort de mon calme et de ma tranquillité, dans un moment où j'allais aborder une question bien décisive pour mon avenir. Mes études et mes réflexions sur le canal des deux mers se présentaient clairement à mon esprit, et l'exécution me semblait si réalisable que je ne doutais pas de faire passer ma conviction dans l'esprit du prince. J'exposai mon projet, sans entrer dans les détails, en m'appuyant sur les principaux faits et arguments développés dans mon mémoire, que j'aurais pu réciter d'un bout à l'autre. Mahommed-Saïd écouta avec intérêt mes explications. Je le priai, s'il avait des doutes, de vouloir bien me les communiquer. Il me fit avec beaucoup d'intelligence quelques objections auxquelles je répondis de manière à le satisfaire, puisqu'il me dit enfin : « *Je suis convaincu, j'accepte* « *votre plan; nous nous occuperons, dans le reste* « *du voyage, des moyens d'exécution; c'est une* « *affaire entendue; vous pouvez compter sur moi.* »

Là-dessus, il fait appeler ses généraux, les engage à s'asseoir sur des pliants rangés devant nous et leur raconte la conversation qu'il vient d'avoir avec moi, les invitant à donner leur opinion sur les propositions de *son ami.* Ces conseillers improvisés, plus aptes à se prononcer sur une évolution équestre que sur une immense entreprise dont ils ne pouvaient guère apprécier la portée, ouvraient de grands yeux en se tournant vers moi, et me faisaient l'effet de penser que l'ami de leur maître, qu'ils venaient de voir si lestement franchir à cheval une muraille, ne pouvait donner que de bons avis. Ils portaient de temps en temps la main à la tête en signe d'adhésion, à mesure que le vice-roi leur parlait.

On apporta le plateau du dîner et, de même que nous avions tous été du même avis, nous plongeâmes nos cuillères dans la même gamelle, qui contenait un excellent potage. Tel est le fidèle récit de la plus importante négociation que j'aie jamais faite et que je ferai jamais.

Vers huit heures, je pris congé du vice-roi qui

m'annonça le départ pour le lendemain matin, et je rejoignis mon campement. Zulfikar-Pacha, en me voyant, devine mon succès et partage ma satisfaction. Camarade d'enfance du vice-roi et son plus intime confident, il m'avait puissamment aidé, pour amener le résultat auquel nous venions d'arriver.

Je n'étais pas disposé au sommeil; je me mis à crayonner mes notes de voyage et à donner le dernier coup de lime au mémoire *improvisé* que m'avait demandé le vice- roi, et qui était déjà préparé depuis deux ans.

Voici ce mémoire, adressé du camp de Maréa, le 15 novembre 1854, à S. A. Mohammend-Saïd, vice-roi d'Égypte et dépendances :

La jonction de la mer Méditerranée et de la mer Rouge, par un canal navigable, est une entreprise dont l'utilité a appelé l'attention de tous les grands hommes qui ont régné ou passé en Egypte : Sésostris, Alexandre, César, le conquérant arabe Amrou, Napoléon Ier et Mohammed-Ali.

Un canal communiquant par le Nil avec les deux mers a déjà existé dans l'antiquité, pendant une première période dont on ne connaît pas la durée, sous les anciennes dynasties égyptiennes ; pendant une seconde périodes de 445 ans, depuis les premiers successeurs d'Alexandre et la conquête romaine, jusque vers le quatrième siècle avant l'hégire, et enfin, pendant une troisième période de 130 ans, après la conquête arabe.

Napoléon, dès son arrivée en Egypte, chargea une commission d'ingénieurs de rechercher s'il serait possible de rétablir et de perfectionner cette voie de communication. La question fut résolue d'une manière affirmative, et lorsque le savant M. Lepère lui remit le rapport de la commission, il dit : « La chose est grande; « ce ne sera pas moi qui, maintenant, pourrai l'accom-

« plir, mais le gouvernement turc trouvera peut-être « un jour sa gloire dans l'exécution de ce projet. »

Le moment est arrivé de réaliser la prédiction de Napoléon. L'œuvre du percement de l'isthme de Suez est certainement destinée, plus que tout autre, à contribuer à la conservation de l'Empire ottoman, et à démontrer à ceux qui proclamaient naguère sa décadence et sa ruine, qu'il possède encore une existence féconde, et qu'il est capable d'ajouter une page brillante à l'histoire de la civilisation du monde.

Pourquoi les gouvernements et les peuples de l'Occident se sont-ils réunis pour maintenir le Grand Seigneur dans la possession de Constantinople, et pourquoi la puissance qui a voulu menacer cette situation a-t-elle rencontré l'opposition armée de l'Europe? Parce que le passage de la Méditerranée à la mer Noire a une telle importance, que la puissance européenne qui en deviendrait maîtresse dominerait toutes les autres et renverserait un équilibre que tout le monde est intéressé à conserver.

Que l'on établisse sur un autre point de l'Empire ottoman une position semblable et encore plus importante, que l'on fasse de l'Egypte le passage du commerce du monde par le percement de l'isthme de Suez, et l'on créera en Orient une double situation inébranlable; car, pour ce qui concerne le nouveau passage, les grandes puissances européennes, par la crainte de voir l'une d'elles s'en emparer un jour, regarderont comme une question vitale la nécessité d'en garantir la neutralité.

M. Lepère demandait, il y a cinquante ans, dix mille ouvriers, quatre années de travail et 30 à 40 millions pour la restauration de l'ancien canal indirect; il concluait à la possibilité du percement direct de l'isthme de Suez à Péluse.

M. Paulin Talabot, l'un des trois célèbres ingénieurs choisis, il y a dix ans, avec MM. Stephenson et Negrelli, par une société d'études du canal des deux mers, avait adopté la voie indirecte d'Alexandrie à Suez, en profitant du barrage pour la traversée du Nil. Il évaluait la dépense totale à 130 millions pour le canal et à 20 millions pour le port et la rade de Suez.

M. Linant-Bey qui, depuis trente années, dirige avec habileté des travaux de canalisation en Egypte, qui a fait sur les lieux, de la question du canal des deux mers, l'étude de toute sa vie et dont l'opinion mérite une sérieuse attention, avait proposé de trancher l'isthme sur une ligne presque directe dans sa partie la plus étroite, en établissant un grand port intérieur dans le bassin du lac Timsah, et en rendant abordable aux plus grands navires les passages de Péluse et de Suez sur la Méditerranée et sur la mer Rouge.

Le général du génie Gallice-Bey, auteur et directeur des fortifications d'Alexandrie avait, de son côté, présenté à Mohammed-Ali un projet de percement de l'isthme conforme au plan proposé par M. Linant-Bey.

M. Mougel-Bey, directeur des travaux du barrage du Nil, ingénieur en chef des ponts et chaussées, avait également entretenu Mohammed-Ali de la possibilité et de l'utilité du percement de l'isthme de Suez, et en 1840, sur la demande de M. le comte Walewski, alors en mission en Egypte, il fut chargé de faire en Europe des démarches préliminaires auxquelles les événements politiques ne permirent pas de donner suite.

Un examen approfondi déterminera celui des tracés qui conviendra le mieux, mais l'entreprise étant reconnue exécutable, il n'y a plus qu'à faire choix du meilleur projet.

Toutes les opérations à entreprendre, quelques difficiles qu'elles soient, ont cessé d'effrayer l'art moderne. Leur réussite ne peut plus être mise en doute aujourd'hui : c'est une question d'argent que l'esprit d'entreprise et d'association ne manquera pas de résoudre, si les bénéfices qui devront en résulter sont en rapport avec la dépense.

Il est facile de démontrer que la dépense du canal de Suez, en admettant le devis le plus élevé, n'est pas hors de proportion avec l'utilité et les profits de cette grande œuvre, qui abrégerait de plus de moitié la distance des principales contrées de l'Europe et de l'Amérique, pour se rendre dans les Indes.

Mohammed-Saïd a déjà compris qu'il n'y a pas d'œuvre à exécuter qui, par la grandeur de l'utilité de ses résultats, puisse entrer en parallèle avec celle que je lui propose. Pour son règne, quel beau titre de gloire! pour l'Egypte, quelle source intarissable de richesses! Les noms des souverains égyptiens qui ont élevé les Pyramides, ces monuments de l'orgueil humain, restent ignorés. Le nom du prince qui aura ouvert le grand canal maritime sera béni de siècle en siècle jusqu'à la postérité la plus reculée.

Le pèlerinage de la Mecque assuré en tout temps, et devenu facile pour tous les Musulmans; une impulsion immense donnée à la navigation à vapeur et aux voyages de longs cours; les pays qui bordent la mer Rouge et le golfe Persique, la côte orientale d'Afrique, l'Inde, le royaume de Siam, la Cochinchine, le Japon, le vaste empire de la Chine, les îles Philippines, l'Australie et cet immense archipel vers lequel tend à se porter l'émigration de la vieille Europe, rapprochés de près de 3.000 lieues du bassin de la Méditerranée ainsi que du nord de l'Europe et de l'Amérique, tels sont les effets soudains, immédiats du percement de l'isthme de Suez.

On a calculé que la navigation de l'Europe et de l'Amérique, par le cap de Bonne-Espérance et le cap Horn, peut entretenir un mouvement annuel de 6 millions de tonneaux, et que sur la moitié seulement de ces tonneaux, le commerce du monde réaliserait un bénéfice de 150 millions de francs par an, en faisant passer les navires par le golfe Arabique.

Il est hors de doute que le canal de Suez donnera lieu à une augmentation considérable de tonnage, mais en comptant seulement sur 3 millions de tonneaux, on obtiendra encore un produit annuel de 30 millions de francs, par la perception d'un droit de 10 francs par tonneau, qui pourrait être réduit en proportion de l'augmentation de la navigation.

En terminant cette note, je crois devoir appeler l'attention de Votre Altesse sur les préparatifs qui se font actuellement en Amérique pour établir, entre l'océan Atlantique et l'océan Pacifique, de grandes voies de communication, et sur les résultats qu'aurait pour le commerce du monde et, par suite, pour l'avenir de la Turquie, l'ouverture de ces voies nouvelles, si l'isthme qui sépare la Méditerranée de la mer Rouge devait rester longtemps encore fermé au commerce et à la navigation.

N'est-ce pas un signe que le moment de traiter la question de l'isthme de Suez est arrivé ? N'en faut-il pas conclure que cette grande œuvre, bien autrement importante pour l'avenir du monde, est désormais à l'abri de toute opposition sérieuse et que les tentatives qui auraient pour but d'en amener la réalisation seront soutenues par la sympathie universelle et par le concours actif et énergique des hommes éclairés de tous les pays.

Signé : FERDINAND DE LESSEPS.

L'emplacement de Maréa où nous sommes campés, appelé *Gheil* en arabe, garde quelques vestiges d'antiquités. J'ai remarqué plusieurs fûts de colonnes et une vaste citerne à moitié démolie, ayant une douzaine d'arceaux en ogive; toutes les collines environnantes sont parsemées de pierres de taille. L'eau est abondante et très bonne. Ibrahim, personnage très officieux, qui mérite une mention particulière, s'était empressé d'aller en puiser à la citerne. Cet individu me paraît représenter très bien le côté rusé et intéressé de l'Arabe familiarisé avec l'Européen. Il avait rencontré Clot-Bey sur la place d'Alexandrie, avait prétendu qu'il avait été soigné autrefois par lui et avait déclaré qu'il s'attachait à son service. Il était donc venu au camp, avec le nouveau maître auquel il s'était imposé. Dès qu'il me vit arriver, il s'aperçut que je jouais le premier rôle dans l'entourage du vice-roi. Ses attentions passèrent de mon côté; il me dit que

« j'étais dans son œil », qu'il s'attachait à moi et qu'il était décidé à ne pas me quitter tant que je resterais en Égypte. Cette conversation brusque, dont je fis part à mes compagnons, ne me donnait pas une opinion favorable de la moralité d'Ibrahim, mais il était si attentif pour tout ce dont nous pouvions avoir besoin, du matin au soir, si intelligent dans son service, que nous lui laissâmes le soin, qu'il s'était déjà attribué, de présider à tous les détails de notre campement, de faire lever la tente au départ, de la faire charger sur les chameaux avec les bagages, de la faire dresser et disposer avant notre arrivée à l'étape suivante où il devait nous attendre pour nous présenter, à notre descente de cheval, de l'eau fraîche et une tasse de café.

Le 16 novembre.

Je me lève avec le jour. Ibrahim, l'oreille au guet, m'apporte la bassine, l'aiguière et le savon. Il n'y a encore aucun mouvement autour de nous et la tente du vice-roi, qui est ordinairement enlevée la première, est toujours debout. J'écris en France pour vous envoyer la bonne nouvelle. Zulfikar-Pacha fera partir un courrier à dromadaire pour Alexandrie. J'arrange mes affaires dans ma valise, ne laissant ce soin à personne, je fais plier mon lit, mes chevaux sont sellés et m'attendent, tenus par les saïs. Je vais aux informations chez le vice-roi. Il me retient à déjeuner. Pendant qu'on nous sert le café, un coup de canon annonce l'ordre de lever le camp. En un instant nous voyons enlever et charger sur des chameaux des milliers de tentes. Cette caravane passe la première devant nous elle tourne le dos au lac Maréotis et prend la route du désert, faisant bientôt l'effet d'un long ruban qui se déroule au loin. Les régiments d'infanterie se forment sur trois colonnes, flanquées de tirailleurs, suivies de l'artillerie et de la cavalerie. Le vice-roi monte à cheval; je suis à sa droite; Selim-Pacha, son général de cavalerie, est à sa gauche. Ce Selim-Pacha est un des anciens élèves de l'école de Giseh; je l'avais vu débuter, en 1833, sous les ordres du colonel français Varin. Nous quittons, au galop, le mamelon où nous nous trouvions, pour nous placer sur un plateau situé en face! l'armée défile au-dessous de nous entre deux buttes; les soldats poussent des hourrahs et agitent leurs fusils lorsqu'ils passent devant le vice-roi; le soleil fait briller les armes; un escadron de cuirassiers, avec l'ancien casque sarrasin, a surtout une tenue remarquable. Les brunes figures des Arabes font très bien sous le casque. Le défilé terminé, nous allons prendre la tête de l'armée, précédés d'une douzaine de cavaliers bédouins servant d'éclaireurs et de guides; de nouvelles acclamations saluent le vice-roi et se mêlent aux musiques militaires. Ces lieux n'avaient pas vu d'armée en marche depuis l'expédition du général Bonaparte. Nos braves soldats de la République avaient éprouvé bien des fatigues et des privations là où nous faisions une promenade militaire, avec tout le confortable posssible, à un demi-siècle de distance.

Nous prenons la direction est. Le vice-roi, après deux heures de marche, ordonne une halte autour d'une construction servant de tombeau à un marabout, feu le cheik Abou-Hadidja. On prend une demi-heure de repos.

Le vice-roi fait avancer sa voiture-chambre à coucher. Comme l'allure des troupes ne leur permettait pas d'arriver à la prochaine étape, avant la nuit, je prends les devants à cheval, avec Zulfikar-Pacha.

Nous arrivons, au moment du coucher du soleil, à Gavazi, petit village habité par une population mixte d'Arabes bédouins et de fellahs.

Le vice-roi n'arriva, avec ses troupes, que deux heures après nous; il m'envoya demander comment je me trouvais; lui, il allait se reposer et m'enverrait son dîner auquel travaillait, à la lueur d'une douzaine de machallas ou torches, une escouade de vingt-cinq à trente cuisiniers et marmitons. J'allai voir ce laboratoire en plein air. Trois rangées de chaudières, alignées sur des sillons creusés en terre, composaient l'appareil que chauffaient des fagots étendus dans les creux. Ce genre de fourneaux n'est pas économique pour la combustion du bois; mais il est promptement établi.

Je rentre dans ma tante où l'on nous sert le dîner. Zulfikar-Pacha et les principaux officiers généraux viennent y prendre part. Le repas fini, on enlève la table et notre tente devient salon. Elle est d'ailleurs un peu le rendez-vous de l'état-major; on y vient aux informations, on y fait le kief; Zulfikar-Pacha y tient la correspondance, ouvre les lettres du vice-roi, reçoit les courriers, les expédie et donne les ordres, au nom du prince.

Le 17 novembre.

A sept heures, le vice-roi était sur pied devant sa tente, voisine de la nôtre. Je vais au-devant de lui; il me dit que les trompettes de la cavalerie, campée trop près de lui, l'ont désagréablement réveillé de fort bonne heure. Il va faire planter sa tente à cent mètres plus loin. Il veut d'ailleurs avoir de l'espace devant lui pour y placer des cibles et faire tirer ses artilleurs et ses chasseurs.

Cette journée est nécessaire pour faire reposer les troupes, qui peuvent se baigner et laver leurs effets dans le canal. Je laisse le vice-roi à ses préparatifs, et après une promenade à cheval, je viens le trouver, lorsqu'il est occupé à faire exercer ses tirailleurs sur une cible distante de 500 mètres.

Aucun des chasseurs n'avait encore touché; je prends la carabine des mains de l'un d'eux; je leur montre comment ils doivent tenir leur arme pour viser, la crosse bien appuyée à l'épaule, ayant soin de ne pas lâcher la détente par une secousse brusque, comme ils faisaient. L'officier m'engage à joindre l'exemple au précepte; je frappe le but au milieu. Le vice-roi fait alors apporter sa carabine de fabrique allemande; je l'essaie, et j'atteins le but, du premier coup. Je ne recommence pas de peur de compromettre la réputation de bon tireur que je viens d'acquérir.

Je rentre dans ma tente, où le déjeuner nous attendait. Après le déjeuner, nous faisons cercle devant la tente. Le *cheik Masri*, qui avait donné au vice-roi des preuves de dévouement, lorsqu'il était persécuté par Abbas-Pacha, et que, depuis son avènement, il avait attaché à sa maison, nous raconte la guerre qui a eu lieu, il y a six mois, entre une grande tribu de la haute Égypte et celle des *Ouled-Ali*, dont il fait partie. La tribu des Ouled-Ali campe dans les déserts s'étendant depuis le lac Maréotis au bord de la mer, jusqu'aux frontières de Tripoli. Elle vient cultiver les terres limitées par les derniers canaux qui séparent le désert des provinces de la basse Égypte. Pour 50.000 âmes, elle compte 10.000 fusils. Les Ouled-Ali s'attendant à une attaque de leurs ennemis, lancés contre eux par la politique d'Abbas-Pacha, avaient formé un corps de 6.000 hommes et d'un certain nombre de femmes, dont la mission consiste à exciter les combattants par leurs chants et leurs cris. Dans l'action, elles sont montées sur des chameaux et sont plus exposées que les hommes. Les Ouled-Ali se retranchèrent au moyen de sacs de terre et de fascines, près du village de Hoche où nous devons aller demain. Là, ils attendirent leurs adversaires, qui perdirent dans leur attaque 200 hommes. Du côté des Ouled-Ali, il y eut quatre femmes et trois hommes tués. Les Bédouins de la haute Égypte s'enfuirent et ne revinrent plus.

Le 21 novembre, sur le Nil, près de Néguileh.

Je vais, le matin, faire visite au vice-roi, mon mémoire dans ma poche; je lui en donne lecture, il m'indique quelques passages à retrancher. Je lui donne également lecture du projet de firman de concession. Approbation complète.

Je rends visite au prince Halim-Pacha. Conversation sur sa famille. Il m'aidera à opérer la réconciliation d'Achmet-Pacha, prince héritier, et du vice-roi. Nous allons ensuite chez Mohammed-Saïd où nous déjeunons. Nous arrangeons une partie de chasse dans une île voisine de Néguileh. Le vice-roi, qui veut nous accompagner, fait chauffer son bateau à vapeur. Nous descendons et nous parcourons à cheval l'île que l'on disait habitée par des sangliers. Ces animaux n'y viennent probablement que la nuit, car nous voyons leurs traces assez fraîches, mais nous n'en rencontrons par un seul.

Nous nous embarquons de nouveau et nous revenons à notre précédent mouillage. Un vapeur venant du Caire avec des passagers d'Alexandrie, fait débarquer Moustafa-Pacha, frère d'Achmet-Pacha et neveu du vice-roi. Le vice-roi l'invite à continuer le voyage avec nous. Il lui parle de mon projet et l'engage à prendre connaissance de mon mémoire. Nous nous retirons à bord de *la Turquoise*.

Le 22 novembre.

Conversation avec Moustafa-Pacha sur le canal des deux mers. Ce prince est très intelligent et très instruit; il s'exprime en français comme un Parisien. Nous allons déjeuner à bord du bateau du vice-roi.

S. A. me prévient que *la Turquoise* recevra, dans la soirée, des troupes, et qu'elle partira dans la nuit pour le Caire, avec les autres vapeurs, à l'exception du sien qui se mettra en route le lendemain. J'y fais transporter mes effets.

Le 23 novembre.

En montant de bonne heure sur le pont, Moustafa-Pacha me prie de lui lire mon mémoire. Il me paraît très satisfait, se montre grand partisan de l'entreprise et dit qu'il y engagera des capitaux.

Le vice-roi monte en ce moment sur le pont et nous fait entrer dans son salon. Il ouvre lui-même la conversation sur le canal. Il me demande quel est l'ingénieur qui devra commencer à s'occuper des études préparatoires sur le terrain. Je réponds que ce devra être Linant-Bey, auquel il conviendra d'adjoindre Mougel-Bey; qu'il y aura ensuite à faire examiner leur rapport par des ingénieurs anglais, allemands et français dont les travaux seront soumis à la commission que je présiderai, et qui déterminera le tracé le plus convenable. Le bateau se met en marche pendant que nous déjeunons.

Le soir, nous nous arrêtons une heure pour passer le barrage, à la lueur des torches. Nous arrivons à Boulac, à onze heures. Nous passons le reste de la nuit à bord.

Le 24, au Caire.

Je me lève à six heures du matin. Le vice-roi était déjà parti incognito pour la citadelle. Il avait chargé Zulfikar-Pacha de me dire d'attendre une voiture qui devait me conduire au palais des muçafirs (étrangers), près de la mosquée de Setti-Zéneb (Sainte-Zénobie), où des appartements m'étaient réservés. A sept heures, arrive sur le quai une grande berline à quatre chevaux et deux chiaous (officiers de la maison du vice-roi), avec leurs insignes consistant en une canne à pommeau avec chaînette d'argent. Je me fais arrêter près de la plade de l'Esbékié, devant la maison de Linant-Bey qui se jette dans mes bras, au moment où je lui apprend que le percement de l'isthme de Suez, depuis si longtemps rêvé par lui, va devenir une réalité, par la décision du vice-roi. Je monte chez Mme Linant, que j'avais mariée, étant consul de France au Caire, et que depuis lors je n'avais pas revue.

Lubbert-Bey, secrétaire général du ministère des Affaires étrangères, qui habite le voisinage, apprend mon arrivée et me rend visite chez Linant. Lorsque je suis venu pour la première fois, comme élève consul à Alexandrie, en 1832, Lubbert était l'ami et l'hôte de mon bien-aimé chef, M. Mimaut, qui a été un des agents diplomatiques les plus distingués de la France. Je n'oublierai jamais que M. Mimaut, le grand ouvrage de l'expédition d'Égypte à la main, m'initia à l'étude du canal des deux mers, au sujet duquel j'avoue avoir été jusque-là dans l'ignorance la plus complète.

Il faut que j'aille prendre possession de ma nouvelle demeure; mon brillant équipage m'y conduit, et j'y fais une entrée solennelle, au milieu d'une haie de mamelouks et de serviteurs. Le nazir (intendant) du palais, respectable effendi à barbe grise, ressemblant à un portrait de François Ier, se précipite à la portière au moment où je vais descendre, me soutient sous le bras, et me conduit ainsi dans les appartements où nous suivent les chiaous et les gens de la maison. Le palais des muçafirs était la résidence de l'Institut d'Égypte, du temps de l'expédition française. C'est là que se réunissait la commission des savants chargés du rapport sur le canal des deux mers. Singulière coïncidence qui, après cinquante ans, rend les mêmes lieux témoins de la réalisation d'une œuvre qu'ils avaient pu étudier, sous l'inspiration du grand homme du siècle. Je suis prévenu que j'ai à ma disposition vingt chevaux à l'écurie, dont dix de voiture et dix de selle, un grand coupé doré de cérémonie, la berline, une calèche et un mylord.

Le déjeuner est servi sur une table à douze couverts.

Le vice-roi m'avait recommandé d'aller le plus tôt possible voir M. Bruce, agent et consul général d'Angleterre, de lui faire part de l'intention de Son Altesse de faire percer l'isthme de Suez et de lui communiquer mes documents relatifs au canal. Je fais atteler le mylord et je me rends chez M. Bruce.

J'ai eu avec lui une conférence de deux heures. Il m'a déclaré que, ne pouvant pas encore parler au nom de son gouvernement, auquel il rendrait compte de ma visite, il ne craignait pas cependant de me manifester son opinion personnelle, de laquelle il résultait que du moment où il n'y avait, dans cette affaire, ni intervention ni influence d'une puissance quelconque, et qu'il s'agissait de capitaux libres devant s'engager dans une entreprise autorisée par le chef du pays, il ne pouvait prévoir aucune opposition de la part de l'Angleterre. Je lui répondis que je le pensais ainsi, et que l'affaire, autrefois si grave, de l'ouverture de l'isthme de Suez, dégagée aujourd'hui des difficultés politiques qui l'avaient obscurcie, devenait une simple question de possibilité d'exécution et de capitaux à trouver. Quant à la possibilité d'exécution, des hommes de science ont déjà prononcé et prononceront encore, et en ce qui concerne les capitaux, ils ne feront certes pas défaut à une œuvre qui, non seulement enrichira le commerce du monde, mais encore sera, d'après les calculs les plus modestes, une spéculation profitable aux actionnaires.

Il reste convenu avec M. Bruce que je lui écrirai, en lui envoyant copie de mon mémoire et du projet de firman. Je fais connaître au vice-roi les détails de cette conférence dont il est satisfait.

Kœnig-Bey, l'ancien précepteur du vice-roi, devenu son secrétaire des commandements, est chargé de traduire en turc les documents relatifs au canal.

Le 25 novembre, Caire.

Le vice-roi m'avait engagé, sans m'en dire le motif, à me rendre à la citadelle, à neuf heures du matin. J'entre dans le grand divan. Le vice-roi est assis au même endroit où son vieux père Méhémet-Ali m'avait souvent reçu, et où il me raconta un jour sa tragédie du massacre des mamelouks. Tous les fonctionnaires devaient, ce jour-là, complimenter le vice-roi à l'occasion de son arrivée dans la capitale. J'entrai en même temps que les consuls généraux des diverses puissances. M. Sabatier n'était pas encore arrivé d'Alexandrie, où il venait de se marier.

A peine les consuls en uniforme avaient-ils pris place sur le divan et fait leurs compliments, que le vice-roi, à ma grande surprise, a l'heureuse inspiration d'annoncer publiquement qu'il est résolu à faire ouvrir l'isthme de Suez par un canal maritime et à me charger de constituer une compagnie de capitalistes de toutes les nations, à laquelle il concédera le droit d'exécuter et d'exploiter cette entreprise. Il ajoute en s'adressant à moi : « N'est-ce pas que nous allons faire cela? » Je prends alors la parole et je commente brièvement la déclaration du prince, en lui laissant la spontanéité et le mérite de la décision du projet, et en ayant bien soin de ménager les susceptibilités étrangères.

Le consul général d'Angleterre avait une attitude un peu embarrassée.

Le consul général des États-Unis d'Amérique, auquel le vice-roi avait dit : « Eh bien, monsieur de Léon, nous allons faire concurrence à l'isthme de Panama et nous aurons fini avant vous », avait au contraire pris son parti en brave et répondu de manière à faire supposer une opinion favorable.

Les consuls se retirent. Je reste avec le vice-roi. Il est frappé de la coïncidence de mon habitation dans le local de l'ancien Institut d'Égypte, où ont été faites les premières études du canal des deux mers. Il appelle quelques intimes pour leur en faire part. Il se félicite de la déclaration faite aux consuls. Je lui dis que je n'aurais pas osé la lui conseiller, mais que je croyais qu'il avait pris le meilleur parti pour couper court à beaucoup d'objections et de difficultés, en saisissant tout d'un coup l'opinion publique d'un projet dont l'utilité générale est incontestable. Il me répondit : « Ma foi, je vous avoue que je n'y avais pas beaucoup pensé ; c'est un acte d'inspiration ; vous savez que je ne suis guère disposé à suivre les règles habituelles et que je n'aime pas à faire les choses comme tout le monde. »

Nous entrons avec le vice-roi dans ses appartements réservés. On lui annonce que Soliman-Pacha demande à le voir ; il le fait venir. Conversation militaire. — Je vais reprendre place dans mon carrosse de cérémonie traîné par quatre chevaux blancs. — Le cocher nègre est d'une habileté merveilleuse, en allant au grand trot ou au galop dans les rues étroites du Caire et en traversant les bazars ; c'est comme si l'on faisait passer un équipage dans le passage des Panoramas. Il est vrai que les chiaous et les saïs distribuent, malgré mes recommandations, des horions à droite et à gauche, pour écarter les passants qui se plaquent contre les boutiques ou les murailles. Ces malheureux ne se plaignent pas ; ils disent même avec un sentiment d'admiration : « Ah ! voilà un grand seigneur qui passe ; Machallah ! (gloire à Dieu). » Tel est l'Orient, tel il a été de tout temps et tel le décrit la Bible, où nous lisons, après que Josué eut fait massacrer les habitants de Jéricho, jusqu'aux femmes, aux enfants et aux ânes, cette fin de verset : « Ainsi se manifeste la puissance de Dieu. »

Je vais voir, dans la journée, les trois princes, fils d'Ibrahim-Pacha. L'aîné, Achmet-Pacha, est un homme instruit qui a suivi avec succès les cours de notre École polytechnique. Il est très entendu, comme l'était son père, dans l'administration de ses immenses propriétés, et il raisonne parfaitement en français sur toutes choses. Il était allé voir le vice-roi, le matin même de son arrivée à la citadelle et en avait été bien reçu. Il savait que j'avais concouru à la réconciliation; il me remercia et m'offrit toute son amitié.

J'ai déjà parlé du troisième fils d'Ibrahim-Pacha, Moustafa-Pacha; quant au second, Ismaël-Pacha, il m'est très sympathique et j'ai été enchanté de son accueil. Il a une figure fine et distinguée, et il a réellement le sang de Méhémet-Ali. Lorsqu'il ne s'occupera plus autant de ses plaisirs, je crois qu'il se fera connaître utilement. Quoiqu'il n'ait que vingt-cinq ans, il est déjà père d'une douzaine d'enfants. Il a eu, dans sa part de succession, le plus beau palais du Caire, sur le bord du Nil; il y a dépensé pour plus d'un million de francs en ameublements venus de France. Il me fait visiter ses vastes et magnifiques appartements du rez-de-chaussée et une partie de ceux du premier étage; l'autre est réservée au Harem. En traversant un grand salon, plus long que la salle des Pas-Perdus du Palais de Justice, j'ai vu s'agiter des portières en tapisseries, devant lesquelles circulaient des eunuques. L'escalier a une rampe en palissandre sculpté et incrusté d'argent, avec des balustres de cristal de Baccarat.

De là, je vais chez le prince Halim-Pacha, qui habite une résidence de Méhémet-Ali. On y arrive par une avenue d'une lieue, ombragée de gros sycomores qu'autrefois j'avais déjà vus très beaux, et qui, aujourd'hui, forment une épaisse couche de verdure. Cette belle avenue a été faite et plantée par l'armée française en 1800. J'arrive chez Halim-Pacha, qui me reçoit de la manière la plus gracieuse; il est enthousiasmé de la déclaration de son frère aux consuls, au sujet de l'isthme de Suez. Il a la vivacité et les allures d'un Français du Midi, avec un accent parisien très pur.

Visite à M. de Huber, agent et consul général d'Autriche. Il me parle de l'intérêt qu'a son gouvernement à l'ouverture du canal de Suez; il a des instructions de sa cour pour appuyer chaudement ce projet, lorsqu'il sera à l'ordre du jour.

M. de Huber vient dîner à la maison avec M. Bruce, le baron de Pentz, consul général de Prusse, le comte d'Escayrac, voyageur français, Linant-Bey, etc.

Clot-Bey est devenu mon hôte, le vice-roi l'a fait inviter par Zulfikar-Pacha à loger avec moi. Il m'a présenté M. Reynier, jeune poète, précepteur de ses enfants, qu'il a amené de Marseille. M. Reynier a vingt-deux ans, il a une charmante physionomie; c'est une nature honnête et candide. Son père est bibliothécaire de la ville de Marseille. Il s'est très obligeamment mis à ma disposition pour mes écritures; c'est un parfait secrétaire. Après avoir fait quelques copies de mon mémoire et du firman, il n'a plus besoin de la minute pour en faire des expéditions. Il les sait par cœur.

Le 26 novembre.

Je reçois la visite de Talat-Bey, premier secrétaire du vice-roi pour les affaires turques; Kœnig-Bey, qui remplit les mêmes fonctions pour les affaires européennes, est venu avec lui et nous sert d'interprète.

Je monte à dix heures à la citadelle, le vice-roi

m'engage à déjeuner avec lui. Conversation sur ce qu'il appelle *mon affaire*. Il est convenu que Mougel-Bey nous sera adjoint dans l'exploration que nous devons entreprendre avec Linant. Il me fait bien quelques objections sur la difficulté de mettre d'accord ces deux ingénieurs, mais il finit pas consentir à ma proposition, à laquelle je tenais beaucoup.

Retour à Setti-Zeneb. Je reçois la visite d'Achmet-Pacha, dont je suis de plus en plus satisfait.

Le 16 décembre.

Visite sur le Nil au général espagnol Pavia, revenant de Manille, où il vient de gouverner pendant trois ans les îles Philippines. Je l'avais beaucoup connu autrefois à Barcelone, où il était second gouverneur (*cabo secundo*). En apportant ma correspondance à bord du steamer conduisant les passagers de l'Inde à Alexandrie, je vais rendre visite à mon ancien ami. Tout Espagnol me regarde, ainsi que je le regarde moi-même, comme un compatriote; nous parlons ma langue maternelle. Le général Pavia est enchanté du projet d'ouverture de l'isthme de Suez. Il me dit que les îles Philippines, dans lesquelles l'Espagne compte près de cinq millions de sujets indigènes, et dont l'administration est aussi arriérée que du temps de Charles-Quint, à cause de la navigation longue et difficile du Cap, seront appelées à la plus grande prospérité et deviendront une immense ressource pour la mère patrie lorsque notre canal abrègera la distance de l'Europe aux mers de l'Indo-Chine.

J'apprends que le vice-roi est à bord du *Ferusi* (turquoise), non loin du quai de Boulac. Je vais le voir. Il me dit que M. Bruce lui a fait demander de recevoir M. Murray, qu'il accuse d'avoir provoqué les persécutions dont il a souffert sous Abbas-Pacha. Il voudrait échapper à cette visite. Il me dit : « Je ne comprends pas que ce M. Murray ait eu le *toupet* de demander à me voir. »

Je l'engage beaucoup à ne pas blesser, en cette occasion, l'amour-propre de l'agent anglais : « Vous ne savez pas, répliqua-t-il, qu'on m'a fait faire toutes sortes d'insinuations pour que je rende des honneurs à M. Murray, sans quoi le gouvernement anglais pourrait se considérer comme offensé, en établissant une comparaison avec l'accueil que je vous fait. J'ai répondu que vous, je vous recevais non comme Français ni comme ministre, mais comme mon ancien et meilleur ami ; que loin d'avoir fait beaucoup, je n'avais pas fait assez, et que si j'avais eu, à la citadelle, des appartements assez grands et assez commodes, je vous aurais logé avec moi au lieu de vous donner un palais séparé. »

« Ce que vient de dire Votre Altesse, répondis-je, est un motif de plus pour me faire vivement désirer qu'elle fixe à M. Bruce un jour rapproché d'audience pour M. Murray. Si elle a des griefs contre lui, je ne demande pas qu'on les oublie, mais, dans les hautes positions officielles, on compromet quelquefois de graves intérêts en montrant ses rancunes, ce qui n'empêche pas de penser ce que l'on veut et de donner seulement sa confiance et son amitié à qui les mérite. »

Suivant son habitude, dans les circonstances où le

vice-roi a exprimé une opinion tranchée et où il a trouvé de la contradiction, il parle d'autre chose, mais les observations justes portent leur fruit.

On vient de lui annoncer que son bateau à vapeur, où se trouve la princesse sa sœur, mandée par lui de Constantinople, est signalé près du barrage. Il se dispose à aller au-devant d'elle. Le prince Mustafa descend à terre avec moi et me conduit dans sa voiture jusqu'au palais destiné à sa tante. C'est dans le jardin de ce palais que Kléber a été assassiné. Nous entrons dans la cour. Nous voyons deux buffles attachés devant l'escalier pour le sacrifice de bonne venue. Il est d'usage, dans les grandes familles du pays, quand un parent aimé revient, de sacrifier, au moment où il va franchir la porte d'entrée, une victime dont le sang forme une rigole sur son passage. Le parent enjambe la rigole; c'est alors qu'il est fêté et complimenté et qu'il est introduit dans les appartements.

Sur le chemin de Boulac au Caire, les troupes forment la haie sur le passage de la princesse, qui est en calèche découverte, et dont la figure est recouverte du voile assez transparent en usage à Constantinople.

Le vice-roi m'avait dit qu'il voulait « que sa petite sœur », forcée de s'exiler d'Égypte sous Abbas-Pacha, y revînt en triomphe. Ces hommages publics, préparés pour une femme, me semblent un notable exemple du progrès dans les mœurs musulmanes.

Des salves d'artillerie annoncent le débarquement de la princesse. Les troupes portent les armes. Bientôt paraît le vice-roi dans un phaéton qu'il conduit lui-même très vivement. Peu après, les grands dignitaires et les fonctionnaires de tous les ordres, en uniforme de cérémonie et à cheval, précèdent au pas, sur deux lignes écartées, la voiture de la princesse. A mesure qu'elle avance, les voix des officiers répètent le commandement de « présentez armes. » Les soldats poussent des hourrahs. La sœur du vice-roi, dont le costume ne permet de distinguer que les yeux, regarde sans saluer, à droite et à gauche. Suivent une dizaine de voitures pleines de femmes voilées, des eunuques à cheval, des escadrons de chasseurs, de lanciers et de cuirassiers au casque sarrasin.

La princesse arrive à son palais, sur la place de l'Esbékié, où sont disposés pour le soir des feux d'artifice et des illuminations. Les salves d'artillerie de la citadelle recommencent, et elles se répètent au coucher du soleil. Il en sera ainsi pendant trois jours.

Je retourne à Setti-Zeneb. J'envoie complimenter la princesse, dans la personne de son premier eunuque.

Le 19 décembre.

Kœnig-Bey vient me prendre le matin pour aller voir le vice-roi à Tourah. J'y reste une partie de la journée. Il est question de notre exploration de l'isthme, définitivement fixée au 23, et de la réception du grand cordon de la Légion d'honneur qui aura lieu à la citadelle.

Le 22 décembre.

Réunion, à neuf heures et demie, chez M. Sabatier, des membres de la Légion d'honneur présents au Caire, pour la remise au vice-roi du grand cordon.

Le vice-roi a envoyé, pour le cortège, un escadron de lanciers, ses trois plus belles voitures de gala à quatre chevaux; j'y ajoute la mienne. La cavalerie ouvre la marche. M. Sabatier me prend dans la première voiture avec mon cousin Edmond de Lesseps, M. Delaporte et Lubbert-Bey, chargé de remplir l'office de maître des cérémonies. Devant nous et aux portières caracolent nos chiaous et les janissaires du consulat. La population se range respectueusement sur notre passage et salue; les régiments d'infanterie forment la haie depuis le bas de la citadelle jusque dans la cour. Kœnig-Bey reçoit M. Sabatier à la descente de voiture sur le premier perron. Nous trouvons, à l'entrée du grand vestibule, Edhem-Pacha, et Soliman-Pacha, qui nous conduisent au grand divan. Le vice-roi, entouré de tous les dignitaires, généraux et hauts fonctionnaires, s'avance jusqu'à la porte, reçoit des mains de M. Sabatier la lettre de l'Empereur.

Il reste debout, pendant que M. Sabatier lui passe les insignes; notre consul général prononce le discours suivant :

J'ai l'honneur de remettre à Votre Altesse, au nom de l'Empereur et par son ordre, le grand cordon de la Légion d'honneur. En conférant à Votre Altesse cette haute dignité, enviée de tous en Europe et qui, dans les temps les plus difficiles que la France ait traversés, n'a jamais perdu du prestige qu'elle doit à son fondateur, l'Empereur Napoléon III n'a pas voulu seulement donner une marque particulière d'affection à un prince qu'il connaît et dont il a pu apprécier les qualités personnelles, Sa Majesté a tenu encore, par cet acte spontané, à témoigner publiquement de ses profondes sympathies pour l'Egypte elle-même et pour cette œuvre de réorganisation et de réforme dont votre père, d'illustre mémoire, vous a légué le glorieux, mais difficile accomplissement.

Votre Altesse sait que, pour le succès de cette œuvre, les encouragements et, au besoin, l'aide de l'Empereur ne lui feront pas défaut. Je ne m'en félicite pas moins et je me tiendrai toujours pour très honoré d'avoir été choisi, en cette occasion solennelle, pour renouveler à Votre Altesse ces assurances et pour servir d'interprète à des sentiments dont je suis fier pour le gouvernement que j'ai l'honneur de représenter.

Le prince a répondu en très bon français et d'un ton ému et pénétré :

Je serai toujours très fier de porter cette décoration que je dois à la bienveillance de Sa Majesté l'Empereur. Je sens parfaitement tout ce que je dois à la mémoire de mon père, dont je m'efforcerai de suivre les traces. Ce sera par des actes et non par des paroles que je chercherai à montrer ma reconnaissance.

Le 23 décembre.

Départ à neuf heures. J'emmène jusqu'à Suez M. et Mme Sabatier et quelques amis. Nous avons deux courriers à cheval, l'un pour les relais aux stations, l'autre pour accompagner les voitures. La route du Caire à Suez est aujourd'hui madacamisée. Il y a quinze relais ou stations. Nous déjeunons au n° 4, nous dînons et couchons au n° 8, et le lendemain, à midi, nous sommes à Suez, ayant fait nos trente-trois lieues dans le désert, comme on irait de Paris à Orléans.

Le 25 décembre, Suez.

Le soleil qui se lève éclaire ma chambre. J'ouvre ma fenêtre. Je reste quelques moments en contemplation. J'ai en face de moi la mer Rouge, dont les eaux montantes viennent baigner les murs de l'hôtel des Indes; à droite, les monts Attaka; à gauche, dans le lointain, le commencement de la chaîne, qui se termine par le pic du Sinaï. Cette partie de la côte a une teinte rose qui se réflète dans l'eau. C'est là, je suppose, ce qui aura fait donner au golfe arabique le nom de mer Rouge. On commence à circuler sur le quai; des embarcations, dont les rames sont des perches terminées par une palette ronde, abordent les bâtiments récemment arrivés ou en partance pour Djedda; ces barques, non pontées, ayant une dunette élevée à l'arrière et dont la proue est effilée, ressemblent assez, par leur forme et leur mâture, aux jonques chinoises. Les costumes des indigènes et des étrangers, ainsi que les ameublements des maisons, donnent aux voyageurs un avant-goût de l'Arabie, de l'Inde et de la Chine. Je remarque que les gens du pays ont des mouvements plus lents que dans le reste de l'Égypte.

Suez est, d'ailleurs, un point isolé entouré de déserts; sa population, de trois à quatre mille âmes, est misérable; on n'y boit que de l'eau saumâtre. Notre canal lui donnera l'eau et le mouvement qui lui manquent.

Je monte sur la terrasse de l'hôtel, d'où l'on se rend parfaitement compte de la topographie des environs. Je tiens à voir tout par moi-même et à ne négliger aucun détail, car, ce que j'aurai compris, je pourrai le faire comprendre à ceux qui ne sont pas ingénieurs. Linant et Mougel me prient de leur faire toujours part de mon opinion et de mes observations. On m'avait dit que peut-être ils ne seraient pas d'accord, et le vice-roi lui-même m'avait conseillé de n'emmener que Linant. Mais, dans une affaire de cette gravité, j'ai mieux aimé avoir au besoin deux avis, même différents. Linant connaît la topographie de tout le pays, il en a fait la carte et en a étudié la géologie sur le terrain. Tout le système de la canalisation de l'Égypte lui est familier. Mougel a, de son côté, exécuté de grands travaux hydrauliques en Égypte, et bien que personne ne puisse suppléer Linant pour la direction du canal dans les terres, l'opinion de Mougel sera prépondérante pour la question, non résolue avant lui, des entrées par la mer Rouge et par la mer Méditerranée.

Mes compagnons n'ont pas encore paru dans les corridors de l'hôtel; je vais les réveiller et leur proposer de faire, dans la journée, une promenade dans le désert jusqu'au commencement des vestiges de l'ancien canal des Rois.

Nous nous mettons en route après déjeuner, les uns à cheval, les autres en voiture, escortés par une quinzaine de cavaliers bachi-bouzouks.

Nous arrivons sur le lieu où commencent les deux berges, parfaitement visibles; nous mesurons le lit, qui a en largeur les soixante-dix coudées d'Hérodote.

Nous nous reposons, au retour, sous une des tentes préparées pour notre voyage. Linant nous fait servir par son maître d'hôtel, le vieux nègre Abdallah, un excellent café. Le fameux Ibrahim est rentré dans l'obscurité. Sa haute position lui avait tourné la tête; pour y mieux faire honneur, sans doute, il avait acheté un beau sabre doré, un bâton de commandement, des souliers vernis, une ceinture éclatante, etc. Mais où avait-il pris le vilain métal qui lui procurait de si belles choses? Dans les poches de mes habits et dans les chambres du palais des muçafirs. Le fait bien constaté, mon Ibrahim a été bel et bien, et sans scandale, jeté dehors pour aller se faire pendre ailleurs.

Le 26 décembre.

Le voyage par terre de Suez aux fontaines de Moïse dure plus de deux heures. Nous prenons passage sur un bateau à vapeur du Gouvernement qui peut nous y conduire en une heure.

M. Costa, propriétaire de la principale source, s'embarque avec nous et nous annonce qu'il nous a fait préparer un déjeuner où nous aurons un mouton tout entier rôti. Sa femme et sa belle-sœur, vêtues du plus riche costume oriental, les mains, les sourcils et les cils peints, accompagnent Mme Sabatier. A peine sortons-nous de la passe pour entrer dans le golfe, qu'un vent des plus violents s'élève ; le capitaine et le pilote déclarent le débarquement impossible, ce qu'il nous est facile de constater en voyant les lames écumantes déferler sur la plage. Des tourbillons de sable couvrent la route de terre, qui eût été également impossible pour les dames.

Nous disons adieu aux fontaines de Moïse et au repas qui nous attendait. Nous virons de bord. Quelques personnes ont déjà le mal de mer. Nous rentrons à l'hôtel.

Les voitures sont commandées pour le retour au Caire de M. Sabatier, qui doit aller faire son courrier pour la France. Il emmènera toutes les personnes qui nous ont accompagnées à Suez.

Le 27 décembre.

Cette journée est consacrée à l'examen sérieux du port de Suez et de l'embouchure du canal. Nous faisons à marée basse une longue promenade en canot; nous nous faisons descendre sur des bancs, des îlots qui passent pour être des rochers et que nous reconnaissons être des maçonneries anciennes. Nous en détachons des fragments dans l'endroit qui formait probablement l'euripe ou la darse de l'ancienne Chlysma. Je me propose d'en faire faire l'analyse par M. Le Play, en y joignant des échantillons de pierres et matériaux que l'on pourra tirer des montagnes des environs.

Dans une petite île près du port, la Compagnie des

Indes a établi un cimetière; on a dû l'entourer de murs, parce que les os des chrétiens sont recherchés des femmes arabes stériles qui espèrent obtenir la fécondité en portant des morceaux comme amulettes.

Nous terminons la journée chez M. West, consul d'Angleterre. On nous sert un dîner composé de mouton de Calcutta, de pommes de terre de Bombay, de petits pois d'Angleterre, de volailles d'Égypte; nous buvons de l'eau du Gange, des vins de France, du café de Moka et du thé de Chine.

Le 28 décembre.

Nous montons à cheval à huit heures et nous nous dirigeons vers la principale gorge des monts Attaka, où saint Antoine, dit-on, avait établi son domicile, dans une grotte que l'on ne retrouve plus. En sortant de la porte de Suez, il semble que la montagne est à une demi-heure; pour y arriver, il nous faut marcher d'un bon pas pendant trois heures.

Nous suivons le lit d'un torrent qui nous conduit à la gorge où nous devons faire notre collection minéralogique. Nous recueillons des échantillons de marbres, de calcaires marneux, d'argiles, etc. Nous remplissons des sacoches et nous reprenons la direction de Suez.

Rentrés à l'hôtel à trois heures, nous nous faisons servir un déjeuner dînatoire. Visite à M. Costa, qui nous conduit dans la maison où a logé le général Bonaparte. En souvenir de l'hospitalité donnée par son père au chef de l'expédition française, le propriétaire actuel, né l'année même de cet acte de mémorable hospitalité, a fait décorer son salon de gravures représentant les grandes victoires de l'Empire.

Le 29 décembre.

Notre bateau à vapeur chauffe de grand matin, pour nous conduire au fond de la baie de Suez, sur la plage où finit la vallée qui commence près du Caire, derrière le Mokattan. M. Basilie Costa est avec nous; il écrit à son père, qui a une maison de campagne aux fontaines de Moïse, qu'à notre retour nous nous ferons débarquer à l'est de la baie, que nous dînerons et coucherons chez lui, et que le lendemain nous reviendrons par terre à Suez pour commencer notre voyage en caravane dans l'isthme.

La première partie de notre navigation se passe à merveille; nous abordons, à onze heures, au pied de la haute montagne de Genébé, située à l'extrémité gauche d'une large baie, dont l'Attaka forme l'extrême droite. En face de nous est la vallée, dite à tort, de Moïse ou de l'égarement, car les Hébreux n'y ont jamais passé; on peut suivre sur la carte, entre le lac Timsah et le bassin des Lacs amers, couvert à cette époque par la mer Rouge, la marche des Juifs, échappant avec Moïse à l'armée du Pharaon, dans des lieux qui, suivant les études de M. Linant, ont conservé les noms de l'Écriture sainte. Nous sommes à dix lieues de Suez. Le canot de notre bâtiment nous conduit vers la plage; lorsqu'il ne peut plus avancer, nous

nous faisons porter par les matelots, qui nous déposent à terre avec notre déjeuner.

Nous allons reconnaître une source d'eau tiède légèrement saumâtre, qui inonde une vaste plaine où poussent des herbes et des roseaux. Des Bédouins sont occupés à couper des joncs qu'ils envoient aux fabricants de nattes du Caire.

Nous nous établissons pour faire notre repas à l'ombre de la montagne, et nous faisons détacher à coups de marteau des fragments de toute espèce dans des filons d'albâtre, de marbre et d'autres natures de pierres calcaires.

Derrière le mont de Genébé, au midi, M. Linant a constaté, sur une étendue de vingt lieues, des gisements de toutes les variétés des plus beaux marbres et de vert antique.

Nous regagnons le bateau à vapeur à deux heures. Nous espérons arriver, entre quatre et cinq heures, aux fontaines de Moïse, qui sont réellement une des stations des Hébreux après le passage de la mer Rouge. Nous avons six lieues à faire pour traverser le golfe en ligne directe. Après une heure de marche, et lorsque M. Basilie Costa nous parlait des préparatifs de son père, qui se faisait une fête de nous recevoir, un bruit se fait entendre du côté de la machine; les chauffeurs s'élancent sur le pont, au milieu de la fumée. Nous croyons que le feu est à bord : ce n'était qu'une rupture de la chaudière. Il n'y avait pas de danger sérieux, mais la situation était désagréable; il n'y avait, si elle se prolongeait, ni vivres, ni eau potable, ni aucune espèce de meubles à notre disposition. Nous étions à une distance qui ne permettait pas qu'on nous aperçût de Suez, ni du mouillage de la rade. Les feux furent éteints, la tente fut disposée en guise de voile sur l'avant, on fit coudre un des côtés pour faire une manche à vent de manière à refroidir la chaudière en y introduisant de l'air, afin de pouvoir reconnaître s'il y avait moyen de la réparer tant bien que mal. A cinq heures, le mécanicien parvint à boucher un trou. On remplit la chaudière, on chauffa et l'on se remit en marche; mais bientôt on fut de nouveau obligé d'éteindre les feux et de s'occuper d'une réparation plus sérieuse. La mer était heureusement très belle. La nuit était venue. Il fallut prendre notre parti de nous étendre sur les planches du pont, le bateau n'étant pas disposé pour y séjourner. Adieu encore au festin de M. Costa et aux fontaines de Moïse. M. Basilie gémissait. A force de peine et de travail, nous entendions, à trois heures du matin, les roues qui commençaient à marcher et à six heures nous rentrions à notre hôtel.

Le 30 décembre.

Nous nous faisons servir à déjeuner et nous donnons des ordres pour que notre caravane de chameaux et de dromadaires soit prête à se mettre en mouvement. Mes compagnons se plaignent d'avoir les os un peu brisés; M. Linant avait eu pour oreiller un anneau de fer qui lui avait endolori la tête. Il m'avertit que notre campement est prêt et que nous pouvons prendre possession de nos appartements ambulants.

Nous arrivons à nos tentes, placées entre la porte

de la ville et la citadelle ruinée de l'ancienne Chlysma, sur le bord de la mer, au fond du port. C'est là que débouchera le canal d'eau du Nil, auxiliaire indispensable du canal maritime.

Voici la description de notre campement, qui ne variera pas, pendant le reste de notre voyage dans l'isthme :

Trois tentes rondes, de 20 pieds de diamètre, ou de 60 pieds de tour. La première pour Linant et pour moi ; la seconde, pour Mougel et le jeune ingénieur Aïvas, secrétaire et collaborateur de Linant, très sympathique jeune homme, intelligent, actif et d'une nature obligeante. Il a été élevé en Égypte et parle l'arabe comme un indigène. La troisième tente est pour les domestiques ; plus, une longue tente servant de cuisine. Une vingtaine de barils, contenant de l'eau du Nil, sont rangés entre la première et la seconde tente et surveillés jour et nuit par des hommes de garde ; car cette eau, c'est notre conservation pendant notre tournée. Autour de la cuisine, les cages des poules, des dindons et des pigeons, qui restent ouvertes pendant le jour. Je suis très étonné que nos volatiles n'abusent jamais de leur liberté ; un petit troupeau de moutons et de chèvres, trente-trois chameaux et dromadaires, conduits par une quinzaine de Bédouins qui couchent au milieu d'eux ; enfin, une paire d'ânes avec leur ânier, à l'usage de Mougel, qui n'aime pas le mouvement du dromadaire. Voici le menu de notre caravane au repos. Ma tente sert de salon ; celle de Mougel, de salle à manger ; celle des domestiques, d'office. Je vais vous donner l'inventaire de la première : en entrant, un espace vide ; à droite et à gauche, un matelas, recouvert d'un tapis, pour servir de divan le jour. La couverture est pliée sous un coussin servant d'oreiller. La tête du lit est formée par la selle du dromadaire, recouverte d'une grande peau de mouton du Sennaar, peinte en rouge. De chaque côté de la tête, les grandes sacoches contenant nos effets, et placées ainsi pour garantir des vents coulis; au milieu, les fusils, serrés par des courroies autour du poteau qui soutient la tente; à deux pas du poteau, entre les deux chevets, un piquet ayant deux crochets pour pendre les montres, et surmonté d'une petite potence en fer où l'on accroche une lanterne. Des caisses de provisions, des valises, des sacs de nuit, des pliants et une table à tréteau complètent l'ameublement.

Nous convenons que nous nous mettrons en route, le lendemain matin, de bonne heure.

Nous nous faisons lire, par M. Aïvas, la partie du mémoire de M. Linant relative aux nivellements exécutés sous sa direction, en 1853, dans tout le parcours de l'isthme, depuis Suez jusqu'à Péluse.

Le 31 décembre.

Réveil à cinq heures du matin par un très beau clair de lune. Hommes et bêtes sont bientôt sur pied.

Les tentes, les barils, les caisses, les matelas roulés dans les tapis, les cages contenant la basse-cour, les bagages sont chargés sur les chameaux, que nous faisons partir devant nous. Les dromadaires sont sellés, et nous attendent dans l'attitude qui permet de les enjamber. Il faut beaucoup de prestesse pour cette opération, car aussitôt que l'on passe la jambe droite, ils se relèvent brusquement, et les meilleurs sont ceux qui s'enlèvent le plus vite. Il convient alors de porter subitement le corps un peu en avant et de faire presque aussitôt le mouvement contraire lorsque l'animal allonge les jambes de derrière. Linant et moi nous avons deux très beaux dromadaires qui nous ont été fournis par El-Hami-Pacha, fils d'Abbas-Pacha. Je me trouve tout de suite à l'aise sur le mien ; comme je suis, depuis quelque temps, à l'état d'entraînement, je me fais sans peine au balancement du pas allongé et aux soubresauts du trot. Il y a, du reste, entre ces deux extrêmes, une allure assez confortable. Les autres monteurs de dromadaires sont M. Aïvas, un effendi arabe, aide-ingénieur. Le cheick bédouin Jaoudé, guide de la caravane, est responsable sur sa tête de notre sécurité. Un des deux courriers, qui partira avec nos lettres, lorsque celui que nous avons laissé au Caire nous apportera la correspondance, et le nègre Abdallah, maître Jacques de Linant, complètent le personnel de notre état-major.

Mougel-Bey, fièrement planté sur son baudet, et le seul de la bande qui, par son costume, rappelle l'Europe avec son paletot et son pantalon gris.

Nous marchons pendant trois heures dans le lit de l'ancien canal, dont les deux berges sont encore parfaitement conservées.

Avant le coucher du soleil, nous formons notre campement en plein désert, dans un endroit appelé Makfar (lieu creusé), où l'on voit çà et là quelques maigres végétations.

Notre campement est organisé. J'ouvre ma Bible. Cette lecture, qui m'intéresse surtout en Égypte, m'attache particulièrement aujourd'hui, parce que j'approche des lieux où Jacob et sa famille sont venus s'établir et d'où, quatre cents ans plus tard, Moïse tirait de la servitude le peuple hébreu.

Je fermais mon livre et je sortais pour jouir d'un beau coucher de soleil, quand M. Mougel et M. Aïvas arrivent, chacun d'un côté opposé, disant qu'ils viennent de voir un magnifique météore lumineux, partant de l'Orient comme une fusée, et, après avoir décrit un demi-cercle, s'éparpillant en grappe de feu vers le couchant. Je n'avais entrevu que la fin du phénomène, et, sans le témoignage de mes compagnons, je n'oserais pas le consigner dans mes notes.

Si nous étions au temps des commandements de Dieu, des miracles et des présages, on pourrait rapprocher cette vision de celle qui avait apparu dans la matinée du 15 novembre, jour de la grande décision de l'ouverture de l'isthme de Suez. Celle-ci marque le 31 décembre, la première journée de notre exploration, où nous jetons les premières bases du rapprochement de l'Orient et de l'Occident.

Je demande la lecture du mémoire de M. Linant sur la géographie ancienne de l'isthme comparée avec la géographie moderne, et sur la route suivie par les Hébreux, afin de profiter en commun des impressions que je venais de recevoir de l'étude des principaux passages du livre de Moïse.

Le 1er janvier 1855.

Branle-bas à cinq heures du matin.

Nous contournons, à l'ouest, le bassin des Lacs amers qui faisaient partie de la mer Rouge, du temps de Moïse et qui est aujourd'hui desséché. On voit, éparses dans l'ancien lit de la mer, des croûtes salines qui présentent l'aspect d'une débâcle de glaçons. Nous traversons une partie de ces terrains, laissant à notre droite des fondrières dans lesquelles les voyageurs se gardent bien de s'engager, car ils y disparaissent avec leurs montures, sans aucune chance de salut. Nous avons, sur notre gauche, à un quart de lieue, les monts Awebet, pouvant fournir de bonnes pierres à chaux et de construction.

Nous montons sur une colline où se trouvent des blocs de granit qui ont composé ce qu'on appelle le monument Persépolitain; un de ces blocs est recouvert, sur une de ses faces, d'inscriptions *cunéiformes* ou assyriennes; sur une autre est un vautour aux ailes déployées; aux angles l'antique bâton royal égyptien.

On croit que ce monument a été élevé par Darius, le conquérant persan, lors de son expédition en Égypte, soit pour indiquer une limite de terrain, soit pour perpétuer le souvenir de la reconstruction du canal des Pharaons qui lui est attribuée par Hérodote. La pierre qui a été employée est le granit du mont Sinaï.

Nous continuons à suivre le désert, laissant à notre

droite le bassin des Lacs amers. Ici le terrain n'est plus aussi dur que celui que nous venons de parcourir ; le sable est plus fin et conserve la trace de tous les animaux qui y passent. Nous voyons se croiser dans tous les sens des pas d'hyènes, de gazelles, de renards et de lièvres.

Nous campons à quatre heures dans l'ouad-el-Akram (vallée des Akram, nom d'une espèce de buissons).

Conversation dans la soirée sur notre projet de canal, depuis Suez jusqu'à l'endroit où nous nous trouvons. Il résulte de nos observations que le canal maritime, à l'entrée de Suez, pourra recevoir par vingt-quatre heures, un approvisionnement d'eau d'environ dix millions de mètres cubes provenant de l'élévation des marées de la mer Rouge, et que l'on remplira, par ce moyen, ainsi que par les eaux de la Méditerranée, le bassin des Lacs amers, destiné à former un immense réservoir dont la contenance sera de deux milliards de mètres cubes d'eau.

Cette masse liquide alimentera suffisamment le canal et produira, lorsque les vents ne la refouleront pas, un faible courant vers la Méditerranée.

Le 2 janvier.

Départ à six heures. Temps couvert. Vent froid et désagréable. Nous visitons un second monument persépolitain, appelé à tort Sérapéum. Nous marchons sur la digue de l'ancien canal qui forme une route.

Nous arrivons, à deux heures, à l'endroit où nous

allons établir notre troisième campement, près du lac Timsah (des crocodiles), contre le bir (puits) Abou-ballah. Ce lieu est appelé dans l'Écriture *Pihahirot*, qui veut dire en hébreu vallée des Roseaux; il est encore nommé par les arabes Oued-bet-el-Bouze) (vallée des Roseaux).

Nous sommes en pleine terre de Gessen.

Gessen, en hébreux, veut dire pâturage. Il est remarquable que pâturage se traduit en arabe par *Guess*.

Dans l'ancien langage éthiopien, *sos* se traduit par pasteur. Le nom de Suez vient probablement de cette étymologie. Ainsi la terre de *Gessen*, la terre de *Guess*, l'isthme de Suez seraient des dénominations qui s'appliqueraient aux mêmes lieux. On sait maintenant que la dynastie des *Hiksos*, qui a régné en Égypte, signifie dynastie des pasteurs armés.

Les travaux inédits de Linant prouveront que la terre de Gessen est la contrée où nous sommes aujourd'hui.

Étant arrivés de bonne heure à notre campement de la vallée des Roseaux (Pihahirot), nous en profitons pour nous réunir en conférence, nous communiquer nos observations sur le parcours du canal de Suez au lac Timsah, étudier de nouveau les cartes et plans de Linant, discuter sur la profondeur et la largeur du nouveau canal, poser enfin les principales bases du rapport pour lequel Linant et Mougel ont à se mettre d'accord.

Nous voulons aussi nous former une idée (imparfaite encore) de la dépense. Nous arrivons, après bien des calculs, au chiffre de 160 à 170 millions. Le canal de communication avec le Nil, du Caire au port intérieur du canal maritime et qui de là formera deux canaux d'irrigation et d'alimentation, l'un allant vers Suez, l'autre vers le port de la Méditerranée, est évalué à une vingtaine de millions. Tout cela, vous le pensez bien, sera revu, corrigé, et j'espère, peu augmenté, avec tous les documents, preuves et plans détaillés à l'appui.

Le 5 janvier.

Il a plu presque toute la nuit. Le vent redouble avec violence, il n'y a rien à faire au dehors et pas moyen de nous lancer en caravane sur cette mer agitée du désert.

Nous regardons à l'horizon du côté du vent. Un gros orage de kamsin est imminent.

Nous prenons gaiement notre parti et nous devisons sur notre canal. Nous faisons, au bruit de la tempête, les plus beaux châteaux en Espagne au sujet des cultures verdoyantes et des plantations de forêts qui changeront peut-être un jour l'aspect des déserts qui nous environnent. Tout d'un coup une rafale irrésistible démonte et renverse les deux tentes qui sont en face et celle où nous faisons *tertulia*. La nôtre commence à céder. Le poteau s'ébranle. Linant crie : « Allons, aux cordes! Abdallah, Ibrahim, Mohammed, etc., etc... » Placé le plus loin de la porte, je reste sous la tente affaissée. Je soutiens intérieurement le poteau que les efforts de ceux qui se pendent aux cordes relèvent un peu. Je me place ensuite en arc-boutant contre le côté de la tente pressé par la rafale, mais mon matelas sur lequel mes pieds portaient glisse, je suis lancé de l'autre côté de la tente sur le matelas de Linant, sans me faire aucun mal; je reprends avec acharnement, et mieux assujetti, ma position d'arc-boutant. On relève complètement la tente, on redresse les autres, nous réparons le désordre de notre ameublement et de nos effets éparpillés, mouillés et couverts de sable. Linant vient de crayonner cette scène de confusion au plus fort de l'ouragan. Vous y verrez la position comique du futur directeur du canal des deux mers.

Nous reprenons le cours de notre conversation si violemment interrompue. Nous supputons les produits du canal d'irrigation et d'alimentation qui apportera les eaux du Nil dans les terres, aujourd'hui incultes, d'une contenance d'environ cent mille hectares.

Le 7 janvier.

Le temps, qui a continué à nous bloquer hier, nous permet de décamper aujourd'hui de Pihahirot.

Nous nous dirigeons au nord du lac Timsah, qui est le point central de l'isthme. J'apprécie sur les lieux l'excellente idée, qui appartient à Linant, de faire un port intérieur au lac Timsah. Ce bassin est entouré de collines. C'est un magnifique port naturel, six fois plus grand que celui de Marseille, et d'autant plus utile, qu'il sera facilement mis en communication avec les parties cultivées de la terre de Gessen et de l'intérieur de l'Égypte au moyen d'un canal de jonction dérivé du Nil. Les navires qui viendront y stationner y trouveront les moyens de se ravitailler.

Le 8 janvier.

Nous commençons à apercevoir sur notre gauche le lac Mensaleh, formé d'une part par la crue du Nil, et de l'autre par les eaux de la Méditerranée, dont le rivage offre plusieurs solutions de continuité entre Damiette et Péluse.

Halte pour déjeuner, à midi, dans une oasis dont les arbres frappent agréablement les yeux, au milieu d'un désert à perte de vue. J'ai compté vingt-trois dattiers. Cette oasis est nommée par les Arabes *Bir el Bourj* (puits de la tour). Il y a au milieu des dattiers un puits d'eau saumâtre, et, sur une colline, les débris d'une construction.

Nous attendons là le passage de notre caravane, et nous contournons ensuite jusqu'à quatre heures la limite est du lac de Mensaleh où nous voyons une multitude de lignes blanches formées par des bandes de cygnes, de pélicans et de flamants.

Nous atteignons le pied d'un monticule sur lequel était bâtie l'antique forteresse de Magdol ou Migdol, dont parle la Bible, et que les voyageurs nomment Magdolum.

Pendant que notre campement s'organise, nous visitons les ruines du fort. L'histoire rapporte que ce fort a été incendié, aussi voit-on sur les pierres et sur les briques des traces de l'effet du feu. Nous apercevons, dans le lointain, à droite, le rivage de Péluse où fut tué Pompée; à gauche, dans les brumes, est Damiette où débarqua saint Louis.

Le 9 janvier.

Nous prenons la direction de Péluse: à côté se trouvent les ruines du château moderne de *Tineh*. Tineh et Péluse, l'un mot arabe, l'autre mot grec, ont tous les deux la même signification et se traduisent en français par *boue*. Dans ce moment, l'endroit est plus que boueux, il est couvert d'eau par suite de la haute crue du Nil. Il faut donc nous contenter de voir à distance, et d'une élévation, le lieu où fut Péluse, l'une des villes les plus importantes de la vieille Égypte, mais qui ne conserve sur le sol aucune ruine remarquable. Nous saluons la Méditerranée en lui promettant la visite du golfe arabique et nous prenons congé d'elle.

Nous avons terminé notre première exploration. Il en ressort pour nous que notre entreprise est exécutable, et bientôt, je l'espère, les rapports des deux ingénieurs qui m'accompagnent le prouveront.

Nous retournons passer la nuit à l'oasis de Bir el Bourj.

Le 10 janvier.

Le froid est vif; nous marchons à pied pour nous dégourdir, tenant nos dromadaires par la corde. Nous les escaladons ensuite, ce qui est toujours un petit moment d'émotion. Ils sont plus en train que d'habitude et nous laissons bientôt la caravane loin derrière nous. Mougel, avec ses ânes, est aussi fort distancé. Son bourriquier a des terreurs fort risibles; il invoque le prophète pour être préservé des attaques des Bédouins, et lorsqu'un Arabe s'approche de lui pour lui demander s'il a du tabac à lui donner ou pour lui offrir de venir prendre une tasse de café sous sa tente, il croit son dernier jour arrivé; il frappe ses bêtes à coups redoublés pour leur faire hâter le pas et n'a de tranquillité qu'après nous avoir rejoints. Pensant que ce jour-là le pauvre garçon serait moins rassuré que jamais, parce que nous avions rencontré quelques Bédouins faisant paître leurs troupeaux, le fusil sur l'épaule, nous fîmes une petite halte à dix heures.

Mougel arrivait fort calme et fort paisible au milieu des exclamations de son ânier, ne songeant qu'à ses combinaisons et à ses calculs au sujet du canal. Dès qu'il nous eut rencontrés, nous reprîmes nos montures, côtoyant le lac Mensaleh au lieu de traverser le désert comme nous l'avions fait à l'aller.

Nous nous dirigeons ensuite vers le seuil d'El Guisr, où nous plantons nos tentes, à cinq heures, au pied d'une des dunes les plus élevées de l'isthme.

11, 12, 13 et 14 janvier.

Retour vers le Caire. Halte au pied d'une citerne, où je rédige au crayon et abrité sous un buisson de tamaris, une instruction pour le rapport des ingénieurs. J'en donne ensuite lecture à Linant et à

Mougel, qui approuvent et sont satisfaits du cadre que je leur ai tracé. Ils disent seulement que je puis supprimer le passage où je les engage, en cas de différence d'opinion, à en consigner les motifs; mais je le maintiens, parce que, cette réserve étant faite, leur accord, sur lequel je compte, n'en aura que plus de poids.

Le 15 janvier.

Nous nous mettons de bonne heure en route au trot de nos dromadaires pour être à onze heures au Caire. Nous avons à notre gauche la chaîne des montagnes qui, commençant au Mokattan et finissant à l'Attaka, bordent la route de Suez ; à droite nous voyons se dessiner, au milieu des dattiers et d'une ligne de verdure indiquant le cours du Nil, les minarets de Kanka. Je trouve la matinée plus belle que jamais, et le spectacle de la nature qui se déroule devant moi me paraît ravissant. Nous avons dépassé Abouzabel; nous apercevons l'obélisque d'Héliopolis, la ville du soleil, où Platon a étudié pendant dix-sept ans les archives des prêtres égyptiens. C'est à tort que l'on a placé dans cette ville la résidence de Joseph, le fils de Jacob. La dynastie des pasteurs, sous laquelle Joseph est venu en Égypte, régnait à *San*, près du lac Mensaleh, où le premier ministre de Pharaon, le seigneur Putiphar, cumulait ses fonctions avec celles d'eunuque, comme nous le dit l'Écriture, circonstance rendant fort excusables les prévenances de madame Putiphar et rendant plus méritoire la réserve du fils de Jacob.

Nous longeons le joli village de Matarié, entouré de jardins, au milieu desquels se distingue l'arbre de la Vierge. Nous passons ensuite devant Birket el Haggi (lac des Pèlerins), où se réunit tous les ans la grande caravane de la Mecque, qui accompagne le tapis sacré destiné à couvrir le tombeau du prophète.

Nous distinguons devant nous le massif palais de l'Abassié, construit par Abbas-Pacha, où l'on compte 2.000 fenêtres ; plus loin s'élèvent, de l'autre côté du Nil, les sommets des deux grandes pyramides que contemplent les armées et les voyageurs, non point depuis quarante siècles, comme on dit vulgairement, mais depuis plus de soixante.

Nous voyons poindre, vers la gauche, les longues flèches de la mosquée bâtie en albâtre oriental dans l'enceinte de la citadelle par Méhémet-Ali, et que ce grand homme avait disposée pour être le lieu de sa sépulture. Il avait bien le droit de faire dominer par son tombeau, de l'endroit même où il avait anéanti les représentants de la barbarie, un pays qu'il avait régénéré. Je suis frappé d'un rapprochement auquel je n'avais pas encore songé : mon père était, en 1803, l'agent politique de la France en Égypte ; le premier consul Bonaparte lui avait donné pour instructions de chercher, parmi les chefs des troupes turques, un homme énergique et intelligent qui pût être proposé à Constantinople pour être revêtu de la dignité, jusque-là nominale, de pacha du Caire. Méhémet-Ali, originaire de la Macédoine, simple commandant de mille bachi-bouzouks, ne sachant ni lire ni écrire, devint le commensal et l'ami de mon père, dont il reçut les conseils et les encouragements contre le pouvoir des mamelouks ennemis de la France; Méhémet-Ali comprit l'avenir qui lui était réservé. Il s'était conquis parmi les siens une supériorité qui permit à l'embassadeur de France à Constantinople (colonel Sébastiani) d'employer son influence pour le faire investir par le sultan du pachalik du Caire.

A cinquante ans de distance, le fils du comte Mathieu de Lesseps, étant déjà l'ami du fils de Méhémet-Ali, devient son conseiller pour l'accomplissement d'une œuvre qui doit illustrer son règne, et, dans cette même citadelle, témoin de l'élévation violente de Méhémet-Ali par le massacre des mamelouks, Mohammed-Saïd fait le coup d'État pacifique qui complétera la régénération de l'Égypte en annonçant à tous les représentants des puissances de l'Europe qu'il a résolu de joindre la mer Rouge à la Méditerranée et d'ouvrir au monde le passage des Indes.

Je suis convaincu que l'Angleterre profitera plus qu'aucun autre pays des avantages de ce passage, mais il ne faut pas se dissimuler que la vieille politique égoïste de la Grande-Bretagne est frappée au cœur. Aussi les partisans des anciennes traditions se sont-ils déjà émus très vivement.

Je m'y attendais, car, mieux que personne, soit par ce que m'avait appris mon père, soit par ma propre expérience, j'avais été à même de suivre, à diverses époques, leur politique en Égypte. Pourquoi ont-ils employé tous les efforts de leur puissance à faire échouer l'expédition du général Bonaparte? Pourquoi ont-ils, plus tard, protégé les mamelouks qui divisaient le pays, repoussaient le commerce étranger et condamnaient à la stérilité la fertile vallée du Nil?

Pourquoi ont-ils, en 1840, ligué toute l'Europe contre la France et contre Méhémet-Ali, dont ils voulaient arrêter les progrès ? Pourquoi ont-ils entouré de leur appui et de leurs conseils Abbas-Pacha, ce prince fanatique et ennemi du progrès, que la Providence a fait disparaître au moment où il allait consommer la désorganisation et la ruine de l'Égypte ?

C'est qu'il y avait en Angleterre un parti qui aurait voulu réduire le vice-roi à la condition de ces rajahs de l'Inde dont on favorise les désordres, jusqu'au moment où le prince abruti n'a plus d'autres ressources que de se faire protéger ou de vendre ses États.

Heureusement que tout le monde ne pense pas ainsi en Angleterre, et qu'il y a, dans ce pays de liberté, grand nombre d'hommes de cœur et d'intelligence qui, tôt ou tard, entraîneront l'opinion publique.

Ma lettre à Cobden pourra servir de thème, s'il y a lieu d'entreprendre une croisade contre les hommes du passé.

Je me suis laissé entraîner à faire une digression politique à propos de la vue de la citadelle du Caire. Revenons à nos dromadaires qui demandent quelques moments de repos. Nous nous arrêtons près du tombeau de Malek-Adel, dont la coupole nous abrite du soleil. Vous avez lu le roman de Mme Cottin ? vous savez donc que Malek-Adel était le frère du sultan Salah-Eddin (Saladin), le calif régnant en Égypte, lors de la croisade de Philippe-Auguste. Mme Cottin l'a rendu beaucoup plus illustre que les historiens arabes, chez lesquels il ne joue aucun rôle remarquable; ils ne font même pas mention de ses amours avec la princesse Mathilde, ni de son mariage à l'ermitage de Saint-Antoine, près de Suez.

Enfin nous arrivons sur la place de l'Esbekié, et de là nous nous empressons de nous rendre au palais des muçafirs, où je retrouve beaucoup d'amis.

Le Caire, 15 janvier 1855.

Au moment où nous venons de terminer l'exploration dont nous avons été chargés par S. A. Mohammed-Saïd-Pacha, je crois devoir fixer l'attention de MM. Linant-Bey et Mougel-Bey sur les principaux points destinés à servir de programme à l'avant-projet que nous sommes convenus de présenter, en attendant un travail plus complet, accompagné des plans, cartes, coupes, devis et autres documents à l'appui :

1° Pour l'entrée du côté de la mer Rouge, indiquer si l'on se servira du port actuel, quels seront les travaux à exécuter comme jetées, etc.

2° Indiquer la direction précise du canal depuis Suez jusqu'à l'ancien bassin de la mer Rouge appelé Lacs amers.

3° Faire connaître comment on compte utiliser ce bassin et si, en le traversant, le canal maritime devra avoir une berge continue ou ne pas en avoir du tout.

4° Tracé de la suite du canal jusqu'au bassin du lac Timsah, destiné à servir de port intérieur.

5° Travaux à exécuter pour rendre le lac Timsah propre à remplir le but proposé. Donner la longueur des murs du quai. Dans la traversée du lac Timsah, le canal devra être creusé sur une plus grande largeur que dans le reste du parcours, afin de permettre aux navires de mouiller ou de se mettre à quai sans obstruer le passage. Ces quais seront établis, autant que possible, dans le voisinage du canal d'eau douce.

6° Direction du canal maritime du lac Timsah au lac Mensaleh.

7° Travaux à exécuter le long du lac Mensaleh ou dans le lac lui-même.

8° L'embouchure du lac sur la Méditerranée sera-t-elle à l'embouchure de l'ancienne branche Pélusiaque?

9° Bien définir le genre, la nature et les dimensions des travaux en jetées, môles, etc., etc., afin de répondre aux objections faites jusqu'à ce jour sur les difficultés ou prétendues impossibilités provenant des atterrissements de la côte et de l'envasement de l'embouchure d'un canal sur la Méditerranée. Cette partie du projet devra être basée sur des preuves, des exemples et des calculs incontestables.

10° Quelle est la masse d'eau qui, pendant chaque marée, pourra entrer de la mer Rouge dans le canal maritime?

11° Quel parti pourra-t-on tirer de la hauteur des marées, tant sur le parcours du canal maritime, que dans le bassin des Lacs amers et à l'embouchure de la baie de Péluse.

12° Calculer pour le canal maritime sur une largeur de cent mètres à la ligne d'eau des mers basses de la Méditerranée, avec faculté de la réduire jusqu'à 65 à 70 mètres dans les rares parties où les déblais à faire seraient trop considérables. La cote d'eau ou profondeur sera calculée à 6, 7 et 8 mètres, toujours au niveaux des basses eaux de la Méditerranée, afin que la Compagnie puisse choisir, suivant la dépense, celle des trois profondeurs qui conviendra le mieux à ses intérêts, combinés avec les nécessités de la navigation.

13° Répondre aux objections relatives à des difficultés de navigation dans la mer Rouge et dans le golfe de Péluse.

14° Établir un premier devis *au maximum* de toutes les dépenses, et indiquer l'époque présumée où le canal pourra être ouvert à la navigation.

15° Ajouter au projet du canal maritime un projet du canal de communication, d'alimentation et d'irrigation dérivé du Nil, ayant son point de départ entre le barrage et le Caire pour gagner l'Ouadée et arriver jusqu'au lac Timsah. Les dimensions seront calculées pour qu'en raison de sa pente et de son tirant d'eau, le canal puisse arroser au moins 200.000 feddans pendant les hautes eaux. Ce canal devra, aux environs du lac Timsah, avec lequel il communiquera, se séparer en deux branches de simple irrigation, pour être dirigées la première vers Suez, la seconde vers Péluse.

16° Examiner si les sables des dunes de l'isthme peuvent apporter des obstacles à l'exécution et à l'entretien du canal, et quel est le parti que l'on peut en tirer au moyen du canal d'irrigation.

17° Présenter un devis *au maximum* de la dépense du canal secondaire dérivé du Nil et fixer le temps de la durée des travaux.

18° Faire connaître la nature, la qualité et les lieux d'extraction des matériaux qui pourront facilement et sans grands frais de transport être utilisés pour tous les travaux.

19° Présenter enfin un budget approximatif *au minimum* des revenus présumés du grand canal maritime et du canal d'alimentation et de navigation intérieure.

Je ne prétends pas renfermer dans les seules limites indiquées par ce programme le travail de MM. Linant-Bey et Mougel-Bey.

Tout en constatant l'accord que j'ai vu régner entre eux et l'identité de leur conviction sur la possibilité de la communication entre la mer Rouge et la Méditerranée par un canal accessible à de grands navires, je les prie, dans le cas où l'opinion de l'un d'eux sur une question quelconque ne serait pas partagée par l'autre, de consigner la différence de leurs observations et d'en établir les motifs.

Enfin l'avant-projet, accompagné d'une carte figurative, devra être achevé le plus promptement possible.

Le Caire, 22 janvier 1855.

Je vous ai écrit, au retour de mon exploration au désert de Suez, que j'allais me concerter avec mon excellent prince sur ce que nous avions à faire dans ce moment. Je me disposais moi-même à lui rendre visite au barrage, profitant du bateau à vapeur qu'il a mis à ma disposition. Je lui ai exposé en peu de mots, car avec lui il faut être bref, la situation telle que je la comprenais. Nous sommes convenus qu'il fallait donner un coup de collier à Constantinople. Il a complètement adopté mes idées à ce sujet, et me remettra les lettres les plus concluantes pour qui de droit, laissant pressentir, avec des formes et des assurances aussi convenables qu'adroites, qu'au besoin il pourrait se passer de la permission. « A nous deux, a-t-il ajouté, nous sommes certains de commencer l'entreprise à notre volonté, avant même la formation de la compagnie. »

Ainsi, vous le voyez, je ne puis guère être tenté, avec un pareil appui, de livrer mon affaire aux vautours et aux loups cerviers de la finance. Ce n'est pas pour grossir leur caisse que je travaille. Je veux faire une grande chose, sans arrière-pensée, sans intérêt personnel *d'argent*. C'est ce qui fait que Dieu m'a permis jusqu'à présent de voir clair et d'éviter les écueils; je serai *inébranlable* dans cette voie, et, comme personne n'est capable de me faire dévier, j'ai la confiance que je conduirai sûrement ma barque jusqu'au port que nous pourrons appeler *Saïd*, du nom du vice-roi, voulant dire en arabe *heureux*. Ce qu'il y a d'heureux, pour le but que je poursuis, c'est que mes actes et mes démarches ne sont pas, Dieu merci! soumis aux instructions ou aux désaveux d'aucun gouvernement. Chat échaudé craint l'eau froide.

Je me garderai donc, malgré des conseils venus de Paris, de rentrer en France tout de suite. Si je revenais sans avoir complété les préliminaires de mon entreprise par la sanction ou la demi-sanction de Constantinople, je m'exposerais à dépendre des autres. Mon ambition, je l'avoue, est d'être *seul* à conduire tous les fils de cette immense affaire, jusqu'au moment où elle pourra librement marcher. En un mot, je désire n'accepter de conditions de personne, mon but est de les imposer toutes. Lorsque, dans ma jeunesse, je résidais comme agent français auprès de

Méhémet-Ali, ce grand réformateur me dit un jour : « Rappelez-vous, mon jeune ami, que si, dans le cours de votre vie, vous avez quelque chose de très important à faire, c'est sur vous seul qu'il faut compter. *Si vous êtes deux, il y en a un de trop.* »

Mon plan se déroule peu à peu, tout marche comme je l'avais espéré; je vais continuer. Si l'on a été surpris par l'annonce des pouvoirs qui m'ont été donnés par le vice-roi, l'on sera peut-être encore plus étonné de la simplicité de l'organisation financière de la compagnie, qui fait l'objet de mes méditations, et dans laquelle je chercherai à donner un exemple de moralité.

Des amis, en France, craignent que je prenne ici des engagements. Qu'ils soient tranquilles. Je n'en prends pas plus en Égypte qu'avec eux.

Je sais bien que si, à mon arrivée à Paris, avec l'affaire toute faite, je disais à trois ou quatre gros banquiers : « Il y a trente millions à gagner en quinze jours; prenez-en vingt, j'en prendrai dix, rien ne serait plus facile. » Mais en fin de compte, qui payerait cela? Les actionnaires sérieux qui ne recueilleraient pas tous les avantages dont je veux les faire profiter, et plus tard le crédit de l'entreprise. Inutile d'ajouter que je serai très ferme là-dessus, quoique l'on ait écrit que *j'avais fini* par comprendre qu'il fallait uniquement s'adresser à la haute finance. J'ai fait avec les donneurs de conseils ce que je fais lorsque je vois que je ne puis pas convaincre : j'ai laissé parler, en répondant de temps en temps par le « hum ! hum ! » que vous devez connaître, sauf ensuite à en faire à ma tête. Enfin, je ne trouve pas mauvais, dans l'intérêt de la propagande de l'affaire, que nombre de braves gens croient que les alouettes vont leur tomber toutes rôties, pendant que je me brûle plus ou moins les doigts.

Quoi qu'il en soit, j'ai trouvé déjà, en France et ici, des cœurs bien chauds et bien dévoués qui m'ont offert leur concours avec un grand désintéressement. Aussi je suis confirmé plus que jamais dans mon opinion que, dans ce monde, le bien l'emporte sur le mal. Je vais partir pour Alexandrie, où je m'embarquerai sur le paquebot *le Pharamond*, à destination de Constantinople.

Saïdié (au barrage, près du Caire),

16 mars 1855.

Parti de Smyrne dans la soirée du 10, j'étais, le 14, à Alexandrie, et, le 15 au matin, j'arrivais auprès du vice-roi dans sa résidence du barrage (Saïdié).

En même temps que je lui remettais la dépêche de Réchid-Pacha, dont je vous envoie la traduction, il recevait, par le courrier, une lettre de son beau-frère Kiamil-Pacha qui, lui écrivant de la part du grand-vizir, lui faisait, sous forme d'observations particulières et confidentielles, la demande d'explications annoncée par votre billet du 8.

Ces observations portent principalement :

1° Sur les garanties à réclamer de la Compagnie du canal des deux mers pour le passage des bâtiments de guerre;

2° Sur les concessions de terres à des Européens;

contraires, dit-on, aux anciens usages et aux préjugés de la Turquie;

3° Sur les dangers que pourrait faire encourir à l'Égypte l'hostilité de l'Angleterre;

4° Sur de prétendues représentations qui auraient été faites à Saïd-Pacha de la part du cabinet anglais par l'agent et consul général britannique en Égypte.

Le vice-roi m'a fait connaître son intention de répondre de la manière suivante :

Première question. — Il n'y aura lieu de réclamer de la Compagnie concessionnaire du canal des deux mers aucune garantie concernant la souveraineté territoriale, qui restera intacte en Turquie, lorsque des capitaux anonymes viendront s'engager dans une entreprise de voie de communication, au même titre que les capitaux nationaux ou étrangers au moyen desquels s'exécutent depuis longtemps, en Angleterre, en France et en Allemagne, des chemins de fer ou des canaux. Aucun de ces pays n'a jamais eu la pensée, en admettant des capitaux, de traiter avec les sociétés qui les représentent sur des intérêts de souveraineté locale qui, restant réservés, ne peuvent pas être mis en discussion et sont inaliénables.

Seconde question. — Les concessions de terres aites à la Compagnie du canal de Suez dans la partie aujourd'hui inculte qui serait arrosée et fécondée par le canal d'alimentation dérivé du Nil, seront un bienfait pour l'Égypte, dont le gouvernement doit tenir à voir augmenter la prospérité et les revenus. Si pareil exemple pouvait être imité dans d'autres provinces de l'empire ottoman, où la mauvaise administration, aussi bien que des préjugés destinés à disparaître, ont appauvri et dépeuplé le pays, il faudrait, au lieu d'apporter des obstacles, favoriser ceux qui offriraient, en échange d'une terre stérile et improductive, de payer l'impôt territorial habituel et d'abandonner 15 p. 100 de leurs bénéfices. Il n'y a d'ailleurs rien de contraire aux usages actuels dans une concession de terres faite à une société anonyme formée, comme il a déjà été dit, par des capitaux universels qui ne portent, par conséquent, avec eux le caractère d'aucune nationalité particulière.

Troisième question. — Il résulte de toutes les informations reçues en Égypte, de l'accueil obtenu dans toute l'Europe par la nouvelle du projet de l'ouverture de l'isthme de Suez et des avantages que devront nécessairement en recueillir le commerce et la navigation de la Grande-Bretagne, que l'hostilité de l'Angleterre n'est point à craindre pour l'Égypte.

Quatrième question. — Le vice-roi est enfin en mesure de déclarer formellement que M. Bruce, agent et consul général de Sa Majesté Britannique en Égypte, informé, dès le 27 novembre dernier, du projet de canalisation de l'isthme de Suez, ne lui a fait aucune observation de la part de son gouvernement.

Tel est le sens des explications qui seront données par Saïd-Pacha. Il est jusqu'à présent convenu entre nous que je serai porteur de son message, et, comme je ne partirai probablement pas avant une quinzaine de jours, j'aurai le temps de recevoir votre réponse par le prochain paquebot direct, et de savoir si les choses sont toujours dans l'état où je les ai laissées à Constantinople. Ce temps sera d'ailleurs nécessaire pour permettre à lord Stratford de recevoir de Londres les instructions demandées, ou pour que l'on ait la conviction qu'il ne lui est pas permis de faire une opposition officielle.

J'ai trouvé le vice-roi toujours très ferme dans ses résolutions, et, sans la lettre particulière de Kiamil-Pacha, il aurait considéré les expressions du message officiel du grand-vizir comme le témoignage d'une complète approbation de son projet. Kiamil-Pacha ne s'est pas bien conduit. Il a fait tout ce qui a dépendu de lui pour détourner le vice-roi de son projet. Il s'est fait l'interprète de toutes les mauvaises raisons données par lord Stratford. Il a été jusqu'à invoquer la mémoire de Méhémet-Ali qui, dit-il, n'aurait jamais permis à des Européens de posséder une étendue considérable de terres en Égypte. Il en a été pour les frais de son éloquence, qui a produit une impression dont il se ressentira sur l'esprit de Saïd-Pacha. Kiamil-Pacha a donc frappé tout à fait à faux et il est tombé dans un piège qui lui a sans doute été tendu par Réchid-Pacha. Ce dernier n'aura pas voulu s'exposer lui-même à mécontenter le vice-roi, et il a mis en avant le président du grand Conseil, en l'engageant à se servir de ses relations de parenté pour créer indirectement des difficultés qu'il n'osait pas produire lui-même.

Du reste, ce que dit Kiamil-Pacha sur les intentions de Méhémet-Ali est complètement faux ; car, vers 1843, dans le court espace d'une quinzaine de jours, il a distribué à des Européens, entre autres à

MM. Pastré, Larking, Thurburn, Tossitza, Zizinia, etc., des contenances de terres de plus de 25.000 feddans, et, si la concession n'a pas été plus considérable, c'est que les Européens n'ont pas voulu en prendre davantage.

Note confidentielle à S. A. Mohammed-Saïd.

(Au camp de Maréa.)

Alexandrie, le 28 avril 1855.

Afin de diriger notre conduite dans l'affaire du canal, je communique confidentiellement à Votre Altesse mes informations particulières de Paris et de Constantinople.

Commençons par celles de Paris :

La première nouvelle du projet de Votre Altesse fut donnée au ministre des affaires étrangères, M. Drouyn de Lhuys, le 13 décembre, par la dépêche télégraphique suivante de Marseille :

Le vice-roi a concédé à M. de Lesseps le percement de l'isthme de Suez. Un canal sera construit entre les deux mers. Appel sera fait aux capitalistes de toutes les nations, pour l'exécution de ce grand travail.

M. Thouvenel, directeur politique du ministère, envoya avis de cette dépêche à mon frère, directeur commercial, en ajoutant de sa main : « Voici une grande nouvelle, je m'empresse de vous la transmettre... »

Le lendemain, M. Drouyn de Lhuys reçut la visite de lord Cowley, ambassadeur d'Angleterre, qui arriva, tout ému, pour lui demander des explications sur ce qui s'était passé en Égypte, afin de savoir s'il y avait eu accord préalable entre le gouvernement français et moi. M. Drouyn de Lhuys déclara très simplement la vérité, c'est-à-dire qu'il ignorait complètement ce que j'avais fait en Égypte, qu'il ne m'avait pas vu avant mon départ, et qu'il était de notoriété publique que depuis ma mission à Rome, je n'avais eu aucun rapport avec l'Empereur ni avec son gouvernement. Il ajouta avec dignité que si, cependant, le fait dont il venait d'avoir la première nouvelle se vérifiait, il en serait enchanté personnellement et qu'on le trouverait très disposé à soutenir mon entreprise.

Lord Cowley s'adressa alors à l'Empereur, dont la réserve fut prise pour une disposition favorable aux vues du cabinet anglais. Un de mes amis s'en inquiéta et m'écrivit :

L'Impératrice fait dire que, sur ses nouvelles instances, l'Empereur lui aurait répondu qu'elle se rassurât, en ajoutant ces mots: *L'affaire se fera*. Elle a voulu garder les lettres et documents et dit qu'elle tenait à tout lire et à bien se rendre compte de tout.

L'Empereur qui a travaillé ensuite avec M. Thouvenel, en l'absence de M. Drouyn de Lhuys, lui a parlé en termes favorables. Il a chargé M. Thouvenel d'écrire au comte Walewski, à Londres, pour qu'il exposât l'affaire au cabinet anglais et lui fît connaître tout l'intérêt qu'il lui portait, se réservant d'en parler à qui de droit pendant son prochain séjour en Angleterre où il doit aller avec l'Impératrice faire visite à la Reine.

De Constantinople on m'écrit :

M. Benedetti a eu connaissance de la correspondance de Kiamil-Pacha avec son beau-frère le vice-roi, et il est parvenu à se procurer les notes écrites de la main même du grand-vizir Réchid-Pacha et qui avaient servi à rédiger cette correspondance. Il a commencé par s'en expliquer directement avec Réchid-Pacha, l'accusant d'être l'inspirateur de la lettre dans laquelle le nom de l'Empereur se trouvait mêlé d'une façon inconvenante. Le grand-vizir s'est défendu comme il a pu, c'est-à-dire très mal, en mettant la démarche sur le compte de Kiamil-Pacha. Des instructions furent demandées à Paris; le Sultan fut mis au courant, et à la suite de plusieurs réunions du conseil des ministres, Réchid-Pacha a été remplacé pour donner satisfaction aux justes susceptibilités du gouvernement français.

Il résulte de cette situation que nous serons quelque temps tranquilles du côté de Constantinople. Je puis donc rentrer en France pour faire ma propagande et agir conformément au programme que Votre Altesse veut bien accepter.

Alexandrie, 19 mai 1855.

Avant de m'embarquer pour France, j'ai eu un entretien avec M. Bruce, agent et consul général d'Angleterre; il a, le premier, abordé la question du canal de Suez : il m'a dit que, depuis le mois de novembre dernier, il n'avait pas reçu un seul mot de son gouvernement sur cette question, ni même un accusé de réception des documents que je lui avais communiqués, et qu'il s'était empressé de transmettre à Londres. Il espérait, ajoutait-il, que mon voyage à Paris et celui que je comptais faire en Angleterre, contribueraient à amener, s'il en était besoin, une entente entre les deux gouvernements, surtout depuis que le vice-roi avait pris la détermination de continuer le chemin de fer jusqu'à Suez, et qu'à ses yeux une telle décision, accueillie avec empressement par la politique britannique, ôtait tout prétexte d'opposition au projet du canal. Notre conversation avait lieu en présence de lord Haddo, fils de lord Aberdeen. Je crains fort que M. Bruce, s'il est sincère, ce que je crois, ne soit pas longtemps le représentant du cabinet anglais en Égypte.

Je trouverai dans M. Walewski, notre nouveau ministre des affaires étrangères, un des plus chauds partisans du canal de Suez. J'ai une lettre qu'il m'avait écrite, il y a peu de temps, de son ambassade de Londres, dans laquelle il me promettait son meilleur appui pour une entreprise dont il avait lui-même, lors de sa mission en Égypte, en 1840, entretenu Méhémet-Ali, et à laquelle il attachait le plus grand intérêt.

Circulaire à MM. les membres fondateurs.

Paris, le 18 juin 1855.

L'exécution du projet de percement de l'isthme de Suez ne paraît plus devoir être mise en doute aujourd'hui. Il est donc à propos de constituer régulièrement, dans un intérêt commun, la réunion des membres fondateurs désignés, en vertu des termes du firman de S. A. Mohammed-Saïd, en date du 30 novembre 1854, de mon rapport au prince, du 30 avril 1855, et de son ordre du 3 ramadan 1271, me faisant connaître que ledit rapport me tiendra lieu d'instruction.

J'ai l'honneur de vous informer que vous avez été désigné comme membre fondateur de la Compagnie universelle du canal maritime de Suez, et qu'à ce titre vous aurez à verser, d'ici au 1er septembre prochain, entre les mains de M. S.-W. Ruyssenaers, à Alexandrie, soit la somme de 5.000 francs, soit celle de 2.500 francs, suivant l'attribution d'une part entière ou d'une demi-part de membre fondateur.

Ce versement, destiné à subvenir aux dépenses préparatoires dont il vous sera rendu compte ultérieurement, est effectué par chacun de nous, dans le seul intérêt de la réussite de l'entreprise à laquelle nous vouons tous nos efforts; il n'engage notre responsabilité ni entre nous, ni vis-à-vis d'aucun tiers et il permettra, avec les avances importantes si généreusement faites par Son Altesse, de conduire sûrement l'opération à maturité et de choisir le moment le plus favorable pour la mise en actions de l'affaire.

En échange de votre versement, vous recevrez plus tard, en cas de réussite et lors de la formation légale de la Compagnie, un nombre d'actions correspondant à vos débours.

Communication faite, au nom de S. A. le Vice-Roi d'Égypte, aux membres de la Commission internationale réunie à Suez.

Suez, 16 décembre 1855.

Messieurs,

Nous venons de parcourir l'Égypte, où vous avez étudié le système de la canalisation du pays. Au moment où vous allez commencer dans l'isthme de Suez vos importants travaux, je crois devoir vous rappeler que Son Altesse Mohammed-Saïd n'a voulu vous indiquer aucune espèce de programme. Si le prince m'a invité à vous réunir, dans le principal but d'examiner l'avant-projet de ses ingénieurs, MM. Linant-Bey et Mougel-Bey, s'il a donné la préférence à un tracé direct de Suez à Péluse, sur un autre tracé qui a été soumis au public dans un article rédigé par M. Paulin Talabot, s'il a jugé utile aux intérêts de l'empire ottoman d'imposer, sous ce rapport, certaines limites à la Compagnie concessionnaire, il est bien entendu qu'il ne trace aucune limite à la science. Il désire donc que la Commission internationale se livre, sans la moindre réserve, à ses investigations sur tous les tracés connus depuis cinquante ans, afin que sa sentence souveraine puisse être rendue en toute liberté, et que plus tard il ne reste dans les esprits aucun doute sur le meilleur moyen de faire communiquer la mer Méditerranée avec le golfe Arabique.

Rapport sommaire de la Commission internationale à S. A. Mohammed-Saïd-Pacha, vice-roi d'Égypte.

Alexandrie, 2 janvier 1856.

Son Altesse nous a appelés en Égypte pour y étudier la question du percement de l'isthme de Suez. En nous fournissant les moyens de juger, sur le terrain, du mérite des diverses solutions proposées, elle nous a invités à lui soumettre la plus facile, la plus sûre et la plus avantageuse au commerce de l'Europe.

Notre exploration, favorisée par un temps à souhait, facilitée et abrégée par l'ampleur des moyens matériels mis à notre disposition, est terminée. Elle nous a fait connaître des obstacles sans nombre, ou plutôt des impossibilités, pour diriger le canal sur Alexandrie, et des facilités inattendues pour établir un port dans le golfe de Péluse.

Le canal direct de Suez vers le golfe de Péluse est donc l'unique solution du problème de la jonction de la mer Rouge et de la Méditerranée; l'exécution en est facile, et le succès assuré. Les résultats en seront immense pour le commerce du monde. Notre conviction à cet égard est unanime. Nous en développerons les motifs dans un mémoire détaillé, appuyé des plans hydrographiques des baies de Suez et de Péluse, des profils donnant le relief du sol, et des forages indiquant la nature des terrains traversés par le canal.

La rédaction de ce mémoire et celle des plans, profils et forages qui doivent l'accompagner, sont un travail de longue haleine dont nous allons nous occuper activement en Europe, de manière à pouvoir le soumettre dans quelques mois à Son Altesse. Dès à présent, nous nous empressons de lui faire connaître nos conclusions.

1° Le tracé par Alexandrie est inadmissible au point de vue technique et économique;

2° Le tracé direct offre toute facilité pour l'exécution du canal proprement dit, avec embranchement sur le Nil, et ne présente que des difficultés ordinaires pour la création de deux ports;

3° Le port de Suez s'ouvrira sur une rade sûre et vaste, accessible en tout temps et où l'on trouve 9 mètres d'eau à 1.600 mètres du rivage;

4° Le port de Péluse, que l'avant-projet plaçait dans le fond du golfe, sera établi à 28 kilomètres environ plus à l'ouest, dans la région où l'on trouve 8 mètres d'eau à 2.300 mètres du rivage, où la tenue est bonne et l'appareillage facile;

5° La dépense du canal des deux mers et des travaux qui s'y rattachent ne dépassera pas le chiffre de 200 millions, porté dans l'avant-projet des ingénieurs de S. A. le vice-roi.

Les membres de la Commission internationale du canal de Suez,

Signé : Conrad, *président;*

A. Renaud, de Negrelli, Mac-Clean, Lieussou, *rapporteur.*

Note envoyée, avec le Rapport sommaire de la Commission scientifique, aux amis et adhérents dont les noms suivent :

Alexandrie, le 4 janvier 1856.

JOMARD, membre de l'Institut (Paris).
MORRIS, du *Times* (Londres).
THOUVENEL (Constantinople).
BRUSI (Barcelone).
ERLANGER (Francfort).
COUTURIER (Marseille).
CHARLES MANBY (Londres).
THÉODORE PICHON (Smyrne).
EDMOND DE LESSEPS (Beyrout).
REVOLTELLA (Trieste).
FLURY-HÉRARD (Paris).
Comte Th. de LESSEPS (Paris).
Comte WALEWSKI (Paris).
DAMAS-HINARD (Paris).
DE CHANCEL (Paris).
MARCOTTE (Marseille).
SENIOR (Londres).
ELLICE (Londres).
JAMES WILSON (Londres).
THIERS (Paris).
Archiduc MAXIMILIEN (Vienne).
Baron de BRUCK (Vienne).
Duc de BRABANT (Bruxelles).
Lord HOLLAND (Londres).

La Commission internationale pour le percement de l'isthme de Suez, vient de terminer ses explorations sur le sol égyptien et de remettre au vice-roi les conclusions de son rapport.

Partie de Suez, le 21 décembre, après avoir étudié la rade, elle a traversé l'isthme, du sud au nord, reconnaissant sur sa route les sondages et les nivellements en cours d'exécution depuis trois mois, et qui permettront de fixer définitivement, dans le thalweg de la vallée, le tracé du canal maritime. Elle a campé, le 28 décembre, sur le rivage de Péluse où elle s'est embarquée, le 31, à bord de la frégate à vapeur égyptienne *le Nil*. Ce bâtiment était mouillé ou croisait depuis un mois dans la baie, avec une corvette à voiles lui servant de magasin à charbon.

La Commission, dès son premier passage à Alexandrie, avait laissé ses instructions à M. Larousse, ingénieur de la marine, qui a relevé en détail, avec une activité et une intelligence remarquables, 44 kilomètres de côtes. Secondé par M. d'Arnaud-Bey, ingénieur du vice-roi et M. Cianciolo, ingénieur italien, M. Larousse a exécuté un plan détaillé de la partie de la baie dont l'étude lui avait été confiée.

Voici les résultats tout à fait favorables, et l'on peut dire, inattendus, qu'ont fournis les observations :

En face des ruines de Péluse, les sondages ont donné la profondeur de 8 mètres, à la distance déjà connue de 7.500 mètres du rivage. Mais en se portant vers l'ouest, cette profondeur de 8 mètres se rapproche progressivement de la côte et elle se retrouve jusqu'à 2.350 mètres, sur une ligne continue qui s'étend parallèlement au rivage, pendant 20 kilomètres. C'était un immense avantage : les ingénieurs européens ne pouvaient manquer d'en profiter pour déterminer le point où débouchera, dans la Méditerranée, le futur canal. En se rapprochant de la plage sur cette ligne de 20 kilomètres, entre la bouche d'Oum-Fareg et celle de Gémileh, les sondages on donné dans des fonds excellents et solides, des profondeurs de 5 mètres à 750 mètres de la plage, de 6 mètres à la distance de 1.600 mètres et de 8 mètres à la distance de 2.300 mètres. Les profondeurs de 9, 10 et 12 mètres s'obtiennent successivement à des distances de 3.000 à 6.000 mètres.

Il ressort de ces faits importants, désormais acquis à l'hydrographie, que les jetées du canal dans la baie de Péluse, dont l'eau est d'ailleurs limpide, ne devront pas avoir la moitié de la longueur que l'on comptait d'abord leur donner. Il en sera de même dans la rade de Suez, que l'on connaissait presque aussi imparfaitement que celle de Péluse.

La Commission internationale, dans son rapport au vice-roi, se prononce pour le tracé direct, regardé par elle comme étant *l'unique solution du problème de la jonction de la mer Rouge et de la Méditerranée. Elle a déclaré à l'unanimité que l'exécution en était facile et le succès assuré.*

Rapport au Vice-Roi.

Paris, 25 mars 1856.

L'unanimité des sympathies qui l'accueillent, la grandeur et l'universalité des intérêts qu'elle va représenter, semblent faire à l'entreprise du percement de l'isthme de Suez une nécessité de se mettre en communication directe et constante avec le public, par un organe spécial et en quelque sorte officiel.

Dans cet organe, la Compagnie chargée de donner aux deux mondes ce puissant élément de civilisation et de richesse, trouvera un instrument périodique et régulier de relation avec ses actionnaires. En tenant l'opinion en éveil, elle mettra chacun au courant de ses progrès et de ses travaux; elle pourra faire appel aux industries, toutes les fois que leur concurrence lui sera utile; elle pourra mettre à l'étude les problèmes que les circonstances feraient surgir et qu'il lui importerait de faire résoudre par l'ascendant des idées générales et des intérêts de l'humanité.

A ce seul point de vue, les avantages et l'influence d'une pareille publication semblent ne pouvoir être sérieusement contestés.

La Méditerranée va devenir la reine du commerce et de la navigation, la grande route des peuples et de leurs échanges.

L'organe de la Compagnie universelle, s'il est dirigé avec intelligence et esprit de suite, avec mesure et absence de tout nationalisme exclusif, doit devenir l'organe de tout le mouvement commercial de la Méditerranée.

Il doit traverser l'isthme et unir dans son cadre les intérêts de l'Occident et de l'Orient.

L'Égypte devient dès lors naturellement l'un des objets principaux de ses études et de sa sollicitude.

Point de prospérité assurée, point de sécurité pour l'avenir de la Compagnie, si l'Égypte est misérable, si sa situation est précaire.

Le percement de l'isthme de Suez est, pour la vieille terre des Pharaons, l'événement le plus fécond en conséquences politiques. Elle va tenir la clef des deux mondes. Elle se fait un rôle important dans la communauté des puissances, elle est en outre, par la force des choses, dans l'équilibre européen. Elle va contraindre la nature à lui donner les Dardanelles.

Le coup d'œil qui a compris et choisi la place de la ville qu'attendent les bords du lac Timsah, n'a rien à envier à l'intelligence qui devina Alexandrie.

Désormais, toutes les nations vont être intéressées au sort de l'Égypte et à sa prospérité. Mais il faut que les rapports intellectuels s'établissent. Il faut que l'Europe connaisse mieux l'Égypte. Il faut lui rendre familiers ses progrès, ses efforts et même ses obstacles, pour qu'elle lui tienne compte des difficultés survenues et de ce qui lui reste à accomplir.

L'Égypte, dans ses destinées nouvelles, est appelée à redevenir ce qu'elle fut dans l'antiquité, l'initiatrice de l'Orient.

La Compagnie universelle de l'isthme est désormais solidaire du bonheur comme de la décadence de l'Égypte. Elles se doivent l'une et l'autre réciprocité de concours et de défense. Un journal, organe de la Compagnie, manquerait à son but, s'il ne comprenait pas qu'un des objets essentiels de sa rédaction est d'aider l'Égypte à se développer au dedans, à se populariser au dehors.

Instrument de publicité de la plus utile entreprise des temps modernes, il embrassera toutes les questions qui se rattachent à sa spécialité, mais il n'en sortira jamais.

Il aura toujours une parole d'apaisement, d'union, de bonne volonté pour tous ; il se fera une loi d'éviter tout ce qui pourrait aigrir, inquiéter, diviser les grands intérêts qu'il a pour mission de rapprocher dans les œuvres du travail et de la paix.

Note pour l'Empereur.

Paris, 29 mars 1856.

La science européenne, par l'organe de ses plus célèbres ingénieurs, a déclaré que le percement de l'isthme de Suez était une œuvre facile, d'un succès assuré et dont la dépense totale n'excédera pas deux cents millions.

Le vice-roi d'Égypte a déjà fait commencer les travaux préparatoires.

L'opinon publique, en Angleterre, s'est prononcée favorablement.

La Porte attend pour sanctionner le firman du vice-roi d'Égypte, approuvé par elle en principe, que le gouvernement français lui fasse connaître officiellement son approbation et la garantisse contre les réclamations de l'ambassadeur d'Angleterre.

Dans l'état actuel de l'affaire, il appartient à Votre Majesté de choisir le moment où elle croira devoir vaincre les dernières résistances du cabinet anglais.

Elle jugera s'il est possible de faire introduire, dans les actes diplomatiques qui suivront la déclaration de la paix, une clause qui garantirait en tout temps, pour la navigation, aux commerçants de tous les pays, la liberté de passage et la neutralité du canal maritime.

Ci-joint l'extrait d'une correspondance de Péra faisant connaître la situation de l'affaire, à Constantinople.

Copie jointe à la lettre précédente.

Péra, 16 mars 1856.

« Vous trouverez le grand-vizir Aali-Pacha très favorable au projet de percement de l'isthme de Suez.

« La seule préoccupation est la rédaction d'un acte diplomatique qui placerait le canal dans une condition de neutralité garantie par toute l'Europe.

« Vos adversaires de l'année derrière sont toujours dans les mêmes sentiments.

« Lord Stratford déplore l'engouement qui s'est emparé des esprits, à Londres, en faveur de votre canal, et il ne dissimule pas qu'il continuera à soutenir que le projet est contraire aux véritables intérêts de l'Angleterre. Les exemples du passé sont là pour nous prouver que, s'il recevait l'ordre officiel d'agir, il passerait ses instructions sous silence, pour essayer de faire prévaloir ses opinions personnelles, encouragé dans cette voie par les correspondances particulières de lord Palmerston. Sa résistance ne pourrait être vaincue que dans le cas où l'ambassadeur français recevrait de son gouvernement l'ordre de se prononcer. »

A M. Thouvenel, ambassadeur de France à Constantinople.

Paris, 4 avril 1856.

Depuis mon arrivée à Paris, j'ai attendu pour vous écrire d'être en mesure de vous rendre un compte exact de la situation. Ce compte, je l'ai rendu moi-même à l'Empereur, qui m'a fait appeler, le jour même où la paix se signait. Je vous remets une copie de ma note.

Tous les plénipotentiaires se sont exprimés vis-à-vis de moi de la manière la plus favorable pour l'entreprise de Suez, à l'exception, bien entendu, des Anglais.

Le comte de Buol, autorisé par son gouvernement à prendre l'initiative et à proposer à la conférence de s'occuper de la question, a craint, après en avoir causé avec lord Clarendon, de rencontrer de sa part une opposition trop décidée, et il s'est abstenu, bien qu'il fût assuré de l'appui des plénipotentiaires français, russes, sardes et prussiens. Il a agi sagement, car, l'opinion se prononçant de plus en plus favorablement en Angleterre, je regarde comme hors de doute que les résistances politiques finiront par être vaincues naturellement sans qu'il soit besoin de provoquer des conflits. Dans cette pensée, il était préférable de ne pas donner à lord Palmerston et à lord Clarendon l'occasion de faire une déclaration sur laquelle il leur aurait été difficile de revenir plus tard, s'ils restent aux affaires.

Maintenant la solution est entre les mains de l'Empereur, qui saura choisir le moment, et comme je sais positivement qu'il continue à s'y intéresser et qu'il veut la réussite, je le laisse faire, tout en m'aidant de tous mes efforts dans la voie d'accomplissement du fait, conduite qu'il a approuvée.

Dans quelques jours, je me rendrai de nouveau à Londres et vous serez exactement tenu au courant de mes démarches. Les ingénieurs et les capitalistes anglais m'y attendent.

Note pour S. A. le Vice-Roi d'Égypte.

Paris, 8 avril 1856.

Je ne dois pas cacher à Son Altesse que lord Palmerston et ses agents cherchent à accréditer l'opinion que le canal de Suez sera une cause de grands embarras pour l'Égypte, et que cette question est capable de renouveler l'accord des puissances qui eut lieu, en 1840, contre la vice-royauté d'Égypte, en laissant de nouveau la France dans l'isolement.

Mais le vice-roi a compris, au contraire, qu'il améliorera sa situation personnelle, et garantira l'Égypte des mauvaises chances de l'avenir par la réalisation de son projet de percement de l'isthme de Suez. La manière libérale dont ce projet a été conçu et dont il continue à être poursuivi, entraîne peu à peu, dans les intérêts de l'Égypte, l'Europe entière.

Le vice-roi grandira en persévérant dans sa conduite, tout en maintenant ses liens de vassalité, tels que les traités et les usages les ont consacrés.

Sans l'affaire de Suez et les sympathies qui lui ont été acquises à cette occasion, ses ennemis, en Europe, et les intrigants qu'il doit connaître, auraient facilement profité des conférences de la paix, basées sur l'intégrité de l'empire ottoman, pour diminuer sa situation personnelle et paraître fortifier Constantinople, aux dépens de l'Égypte.

Ses adversaires disaient que c'était à tort que l'on avait fait l'éloge de son administration, depuis qu'il avait pris possession du gouvernement de l'Égypte; qu'il n'était pas partisan des idées de civilisation et de progrès, comme on cherchait à le faire croire; qu'au fond il était encore plus contraire aux Européens qu'Abbas-Pacha; qu'en un mot, c'était un Turc comme un autre, peut-être même pire qu'un autre. On ajoutait que, cette grande entreprise du canal de Suez, il n'aurait pas la persévérance de la soutenir.

Cette dernière exagération montrait le bout de l'oreille. Nos amis en ont profité pour prouver la fausseté des autres accusations. En effet, si Mohammed-Saïd n'était pas aussi résolu qu'il a été habile, intelligent et libéral vis-à-vis de l'Europe, il n'aurait pas, depuis quinze mois, supporté tout seul l'initiative et la responsabilité du grand projet, qui aujourd'hui l'a placé si haut dans l'estime du monde, et il n'aurait pas conduit cette affaire, pour l'abandonner au moment même ou elle le sert si bien, et où tant d'intérêts viennent en Europe se grouper autour de lui.

Dans cette situation, il tombe sous le sens le plus vulgaire que reculer serait un déshonneur pour lui, un acte insigne de faiblesse et de versatilité, que la nature de son caractère ne permet pas un seul instant de supposer.

Pour qu'une accusation ait de la valeur, il faut au moins qu'elle ait quelque vraisemblance. Si le vice-roi a ses défauts comme tous les hommes, il ne manquera jamais à sa parole, à sa dignité, et il ne pèchera certes pas par un manque d'amour-propre ou de juste orgueil.

Mais lorsqu'on gouverne les hommes et que l'on se trouve dans une position publique, où il est impossible d'échapper à la critique, il ne faut pas seulement avoir raison, il faut paraître l'avoir, se modérer dans son langage, être circonspect en public et éviter de blesser l'opinion.

Le vice-roi ne doit pas perdre de vue que si la Turquie échappe à la ruine, ce sera parce qu'elle entrera dans le mouvement européen, qu'elle s'y mêlera de bonne foi et sans arrière-pensée. Il faut que l'Égypte ne manque jamais à l'initiative qu'elle a prise depuis longtemps dans cette voie, et qu'a si bien constatée l'entreprise du canal de Suez. Les larges et libérales concessions faites à ce sujet sont la meilleure réponse à opposer aux accusations de barbarie et de préjugés contre la civilisation de l'Europe.

Le vice-roi a très bien compris, dès le début, et en prévision des difficultés auxquelles on s'attendait, qu'il devait marcher résolûment vers l'accomplissement du fait, en intéressant dans tous les pays le plus de monde possible au succès de l'entreprise. C'était d'ailleurs pour lui un moyen infaillible d'en profiter, d'en rester le maître, de grandir par elle et avec elle.

Dans les circonstances actuelles, dans ce qu'on peut appeler une crise de mouvement général qui attire pacifiquement les peuples les uns vers les autres, la canalisation de l'isthme de Suez était inévitable, et s'il n'avait pas eu la prévision de la proposer au monde et d'en préparer l'exécution, on aurait fini par la proposer à la Porte dans des conditions hostiles à la dynastie du vice-roi d'Égypte, et peut-être alors, ceux qui cherchent aujourd'hui à s'y opposer auraient essayé de s'en servir contre lui, à leur profit, en faisant passer le projet par-dessus sa tête. Il ne faut pas se dissimuler que si l'on cherche à le faire soupçonner de faiblesse et de tergiversation, tandis que, d'un autre côté, on lui représente son projet de canal comme une menace contre sa propre sécurité, c'est qu'on désire le voir reculer, pour lui ôter les moyens de se fortifier légalement et avec l'assentiment général.

Jusqu'à présent, l'affaire marche si bien dans l'opinion publique, en Angleterre, qu'il est inutile de forcer la main aux hommes d'État anglais dont la résistance s'est manifestée.

La politique choisira le moment opportun.

Il n'y aura donc pas lieu de s'étonner s'il n'est pas fait mention du canal de Suez dans les actes diplomatiques qui suivront la déclaration de la paix. Il vaut mieux s'abstenir que s'exposer à ne pas avoir l'unanimité, lorsque le résultat définitif ne peut plus être mis en doute.

Le commencement des travaux préparatoires, l'exécution du canal auxiliaire dérivé du Nil continueront à entretenir les esprits en faveur de l'Égypte, répondront par des faits positifs à tous les mauvais vouloirs, et permettront aux difficultés politiques de l'affaire de se dénouer naturellement sans choquer personne, et sans qu'il y ait de temps perdu.

En attendant, je vais aller faire une campagne de quelques jours en Angleterre. Les publications continuent. La commission internationale, dont les procès-verbaux vont paraître, se réunira et arrêtera le programme détaillé des travaux à exécuter. Les intérêts financiers se grouperont. Nous montrerons enfin que nous existons et que nous avançons vers un but, sous le patronage et avec l'aide d'un prince qui pouvait difficilement se placer, au début de sa carrière, dans une meilleure situation.

Note pour le comte Walewski, Ministre des affaires étrangères, à Paris.

Résumé d'un entretien que j'ai eu avec lord Clarendon, le 13 avril 1856 :

De Lesseps. Vous savez qu'une commission d'ingénieurs les plus expérimentés de l'Europe pour les travaux hydrauliques, a décidé, à l'unanimité, que l'entreprise du percement de l'isthme de Suez était facile, d'un succès assuré, et que la dépense maximum n'excèderait pas 200 millions de francs.

A la suite de cette déclaration, le vice-roi d'Égypte, après avoir confirmé, par une nouvelle concession, celle qu'il m'avait accordée le 30 novembre 1854, et après s'être assuré que la Porte ne mettrait aucun obstacle à la réalisation de l'entreprise, a approuvé le cahier des charges et les statuts de la Compagnie universelle dont l'organisation m'était confiée.

Cette organisation marche vers une heureuse solution. Assuré de réussir en France, je vais me rendre à Londres, où j'ai l'intention de charger un comité anglais de répartir la somme de 40 millions de francs, destinée aux capitalistes anglais, dans la souscription générale, dont la liste a été combinée d'accord avec le vice-roi d'Égypte.

Comme, l'année dernière, l'ambassadeur de la Grande-Bretagne à Constantinople est intervenu pour empêcher la Porte de ratifier la concession du vice-roi, je viens vous demander ce que je dois faire savoir aux capitalistes anglais, et si leur gouvernement a le projet d'apporter des obstacles à la réalisation de l'entreprise.

Lord Clarendon. Si nous avons émis des doutes sur l'opportunité de votre entreprise, ce n'a jamais été au point de vue commercial anglais, mais uniquement sous le point de vue politique de l'empire ottoman, parce que nous avons craint que la coupure de l'isthme, en donnant trop d'importance à l'Égypte, ne troublât ses rapports avec la Turquie. Tant en mon nom personnel qu'au nom du cabinet anglais, je repousse formellement la pensée qui nous a été prêtée de craindre une concurrence commerciale et de vouloir, dans notre intérêt, apporter un obstacle à un progrès maritime dont nous serions les premiers à profiter. De tels sentiments seraient contraires aux principes de toute ma vie politique et à ceux qui forment la base économique du gouvernement anglais.

Ce qui nous préoccupe, je le répète, c'est l'autorité de la Porte sur l'Égypte, dont le vice-roi ne paraît pas jusqu'à présent avoir tenu assez compte, puisqu'il poursuit son projet sans avoir obtenu la ratification du Sultan.

De Lesseps. Je me félicite de voir la question débarrassée de la difficulté qui avait paru la plus grave, c'est-à-dire de toute crainte que les intérêts britanniques puissent être lésés par la canalisation de l'isthme de Suez.

Bien que lord Stratford eût, à ma connaissance, manifesté cette crainte, je n'ai manqué aucune occasion, depuis un an, de proclamer que telle n'était point l'opinion de l'Angleterre. Je me suis ainsi exprimé dans plusieurs écrits, à Paris et à Londres, et récemment dans une réunion publique à Trieste, dont la presse, française et étrangère, a rendu compte.

Pour ce qui concerne la Porte, il est hors de doute qu'elle est meilleur juge de ce qui lui convient, dans ses rapports avec l'Égypte, qu'un gouvernement étranger ; or, je suis en mesure d'affirmer qu'elle n'a manifesté aucune des préoccupations qu'on lui attribue gratuitement à l'égard du vice-roi. J'ai eu l'honneur d'entretenir personnellement le Sultan et ses conseillers de l'entreprise du canal de Suez, et dès le commencement de l'année dernière, j'aurais rapporté, de Constantinople à Alexandrie, la ratification impériale, sans l'intervention alors spontanée de l'ambassadeur anglais.

Toutefois, l'entreprise a été acceptée en principe par le Sultan, ainsi que l'a constaté une lettre vizirielle adressée au vice-roi et rendue publique.

Depuis cette époque, le vice-roi a patiemment attendu le bon vouloir de l'Angleterre.

On doit savoir d'autant plus de gré au vice-roi de sa condescendance et de sa réserve, que les conventions appelées à régler les conditions du gouvernement et de la succession du pouvoir en Égypte ne le soumettent point, pour exécuter des travaux de canalisation ou autres, à l'obligation de recourir à une autorisation de Constantinople. Ce qui ne lui est pas permis est formellement exprimé dans ces conventions, et, quand il a rempli les charges prévues, qu'il a payé son tribut régulièrement, il ne lui est pas défendu d'exécuter des travaux d'utilité publique, et particulièrement une entreprise qui ne sera pas moins profitable à son souverain qu'à ses administrés.

Il est notoire que cette thèse a été soutenue, il y a quelques années, par l'ambassade d'Angleterre à Constantinople, à l'occasion du chemin de fer égyptien qui fut construit d'Alexandrie au Caire.

Aujourd'hui Mohammed-Saïd-Pacha fait poursuivre jusqu'à Suez les travaux de la voie ferrée, qui sera probablement et très heureusement terminée à la fin de cette année. Ni la Porte, ni même l'Angleterre n'ont encore songé à élever la moindre réclamation contre un manque d'autorisation impériale. Mais là n'est pas la question, en ce qui concerne le canal de Suez, puisque l'autorisation a été demandée, et, pour mon compte, j'ai particulièrement insisté sur la convenance de cette formalité, afin de donner toutes les garanties désirables aux capitaux européens destinés à s'engager dans l'entreprise.

Maintenant, comme il me paraît impossible de supposer que des ministres d'une grande et puissante nation veuillent chercher à abriter leur propre opposition derrière la faiblesse de la Porte, je me borne à réfuter la seule objection qui me paraisse subsister, c'est-à-dire celle qui est alléguée dans un simple intérêt de sollicitude pour l'autorité et la souveraineté du Sultan.

Le vice-roi d'Égypte, après son avènement, s'est constamment montré le vassal fidèle et dévoué du Grand Seigneur; il n'entre pas dans sa pensée de porter la moindre atteinte aux conventions qui ont réglé les conditions de son gouvernement, ses relations avec son souverain sont aussi bonnes qu'on peut le désirer, malgré les tentatives que l'on fait de temps en temps pour inspirer des défiances contre lui. Les sacrifices de l'Égypte dans la dernière guerre ont resserré de plus en plus des liens nécessaires. Il paraît difficile de soupçonner en quoi l'ouverture du canal de Suez viendrait troubler la régularité de cette situation.

Puisqu'il m'est permis d'exprimer ici franchement ma pensée, je dirai que, suivant moi, il serait très dangereux et très impolitique de créer entre le souverain et le vassal des défiances qui n'existent pas.

Les amis de l'alliance française et anglaise ne doivent point oublier ce qui s'est passé en 1840.

Alors, une politique hostile à la France profita fort habilement des défiances suscitées contre Méhémet-Ali, et l'Angleterre se mit à la tête d'une ligue contre l'Égypte, dont l'affaiblissement servait en définitive les projets des ennemis de la Turquie.

Méhémet-Ali, auprès duquel je résidais alors comme agent français, travaillait à préparer l'hérédité dans sa famille, pour asseoir un gouvernement stable en

Égypte. C'est à tort qu'on lui a prêté l'intention de se substituer à son souverain, il n'en eut jamais la pensée. Voyant la décadence de la Turquie, il n'avait pas d'autre ambition que d'être le bras droit et le meilleur soutien de l'empire ottoman dont il redoutait la décomposition. C'est dans ce but que, pour fortifier l'empire, il voulait civiliser l'Égypte, où une population docile et homogène lui permettait d'introduire successivement les réformes, qui, ailleurs, pouvaient rencontrer des difficultés ou des résistances.

Si les puissances alliées veulent sincèrement faire entrer la Turquie dans le mouvement européen, ce sera par des faits et des exemples pratiqués sur les lieux qu'elles y parviendront, plutôt que par des hatti-schérif ou des hatti-houmayoum.

L'Égypte est le pays où l'on pourra le plus facilement arriver, sans obstacle sérieux, à l'application des moyens de civilisation que la Turquie devra nécessairement emprunter à l'Europe, dans son mouvement d'expansion sur l'Orient.

Il est permis de compter sur votre loyauté si connue et sur votre caractère élevé pour faire apprécier, dans les conseils de votre gouvernement, une situation qui doit appeler toute son attention, et dont l'incertitude ne pourrait se prolonger plus longtemps.

En un mot, puis-je espérer que la ratification demandée par le vice-roi d'Égypte au Sultan ne rencontrera plus à Constantinople l'opposition de l'ambassadeur de Sa Majesté Britannique?

Lord Clarendon. — Je ne vois pas qu'il soit impossible de nous entendre. Puisque vous allez à Londres, veuillez entretenir lord Palmerston de ce qui vient de faire l'objet de notre conversation; nous en causerons ensuite, car nous nous retrouverons dans quelques jours à Londres.

A M. Thouvenel, à Constantinople.

Londres, 22 avril 1856.

Voici des renseignements qui vous intéresseront et qui, dans l'occasion, pourront vous être utiles; vous pouvez compter sur leur exactitude.

Le jour du banquet donné par l'Empereur aux plénipotentiaires du congrès de la paix, et après le dîner, Aali-Pacha, le plénipotentiaire turc, s'est approché de Sa Majesté et lui a demandé ce qu'elle pensait de la question de l'isthme de Suez. Il a ajouté que son maître y attachait une grande importance à tous égards, mais qu'il désirait savoir les intentions de l'Empereur des Français. L'Empereur a répondu qu'il portait le plus grand intérêt à cette affaire; qu'elle lui semblait utile pour tout le monde; qu'il l'avait étudiée sous tous ses aspects; qu'il en connaissait tous les documents et qu'il souhaitait vivement qu'elle se fît; que l'entreprise, toute belle qu'elle était, avait soulevé quelques résistances et quelques objections, en Angleterre surtout; que, quant à lui, il ne trouvait pas que les objections fussent fondées et qu'il espérait bien les écarter; que cependant il ne voulait point trop presser les choses, de peur de les compromettre, et que, se fiant à l'heureuse alliance qui unissait les deux peuples, il s'en remettait à l'avenir, qui, sans doute, serait prochain, où l'on s'entendrait sur cette question.

Aali-Pacha a dit que son maître apprendrait avec bonheur les sympathies qu'exprimait l'Empereur des Français, et qu'il était lui-même très favorable à cette affaire, malgré quelques divergences sur des points secondaires et certaines précautions à prendre, dans l'intérêt de la suzeraineté de la Porte; mais quelles que soient ces objections de détail, la Porte n'en voit pas moins avec faveur cette grande œuvre, qui sera si profitable à l'Égypte, et dont elle espère bien aussi avoir sa part de profit.

L'Empereur a paru acquiescer à tout ce qu'a dit Aali-Pacha.

Puis, laissant un instant le grand-vizir, il a fait appeler lord Clarendon et lui a demandé ce qu'il pensait de l'affaire de Suez, en lui racontant ce qu'il venait d'entendre d'Aali-Pacha, et ce qu'il avait répondu. Lord Clarendon, un peu surpris de cette sortie à l'improviste, a répondu que c'était une affaire très grave, qu'il n'y avait pas encore assez réfléchi pour donner sur-le-champ une solution, qu'il devait en référer à son cabinet, et que d'ailleurs l'exécution du projet était impossible. L'Empereur, tout en accordant qu'il fallait réfléchir à cette affaire, a soutenu que l'exécution était possible, et que la science avait prononcé. Comme lord Clarendon insistait, l'Empereur dit qu'il émettait l'hypothèse que le canal était possible, et que, raisonnant sur cette donnée, il demandait l'avis de l'Angleterre. Lord Clarendon a déclaré alors qu'au point de vue du commerce anglais, il n'y avait aucune objection et que l'Angleterre y profiterait beaucoup, mais que, pour les rapports de l'Égypte et de la Turquie, c'était une chose fort délicate et que le vice-roi n'avait pas le droit de faire le canal sans l'autorisation de la Porte. — L'Empereur a rappelé les bonnes dispositions de la Sublime-Porte, et la conversation n'est pas allée plus loin.

En somme, cette conversation me paraît décisive : les conclusions qui me semblent devoir en être tirées sont celles-ci :

1° Ménager avec le plus grand soin les susceptibilités de la Porte. Savoir au juste quelles sont les objections *de détail* dans lesquelles on reconnaîtra nécessairement les inspirations de lord Stratford de Redcliffe.

2° Il ne faudra pas ménager avec moins de soin la susceptibilité du vice-roi, que les ennemis du canal ne seraient pas fâchés de mettre en conflit avec son suzerain.

3° L'opinion exprimée par l'Empereur des Français aura un grand poids sur la Porte et même sur l'Angleterre.

4° D'après la déclaration de lord Clarendon, il faut s'adresser à l'opinion publique en Angleterre, et engager les intérêts anglais dans l'entreprise.

A M. S. W. Ruyssenaers, à Alexandrie.

Paris, 6 mai 1856.

J'ai prolongé mon séjour à Londres et je ne suis de retour à Paris que depuis deux jours. Cette campagne en Angleterre portera ses fruits. J'ai noué d'excellentes relations.

J'ai été presenté à la reine ; j'ai vu particulièrement le prince Albert qui s'est entretenu longuement avec moi, dans son cabinet de travail, de l'affaire du canal, et qui s'est mis au courant des travaux projetés. Il m'a dit que le duc de Brabant, qui s'intéressait à l'entreprise, la lui avait déjà recommandée. J'ai reçu le meilleur accueil du duc de Cambridge, qui a très franchement et sans aucune réserve exprimé ses sympathies pour la réussite du projet. Enfin, dans ces diverses occasions, je n'ai pas manqué de dire tout ce que je pensais, pour que l'on n'ajoutât pas foi au système de dénigrement contre le vice-roi d'Égypte, que certaines correspondances avaient depuis quelques temps cherché à faire prévaloir. J'ai cité des faits positifs établissant la situation sous son vrai jour, et permettant de juger Mohammed-Saïd-Pacha comme il le mérite, malgré des fautes ou des erreurs de détail difficiles à éviter dans un pays où l'administration n'est pas encore organisée.

J'ai été l'objet d'une démonstration très significative de la part de la Société géographique de Londres, composée, comme vous savez, d'hommes fort influents.

J'ai d'abord été invité à un dîner, au club de la Société. La table était présidée par lord Sheffield. Ma santé a été portée, dans un discours où l'on a loué mes efforts pour arriver à la réalisation du percement de l'isthme de Suez. Alors, M. Gladstone, le cousin du ministre, s'exprimant en très bon français, a dit « Monsieur de Lesseps, si dans notre pays nous n'avons pas été aussi prompt que les autres à accueillir votre entreprise, c'est à cause de notre caractère et de nos habitudes ; mais une fois que nous sommes convaincus, nous allons plus loin et quelquefois avec plus de persévérance que les autres. Pour mon compte j'avais eu dans le principe beaucoup de doutes. J'en ai encore, mais je ne demande pas mieux que d'être persuadé et je fais des vœux sincères pour votre succès. »

Je remerciai mes hôtes de leur intérêt, que j'étais heureux de rencontrer dans une aussi honorable réunion de voyageurs et de savants, pour une entreprise certainement destinée à agrandir le domaine de la science géographique et à faciliter ses découvertes. Comme j'avais été prévenu que plusieurs des membres présents ne pouvant pas assister à la séance de la Société, désiraient avoir des explications, je fis un récit assez complet de l'exploration de la Commission internationale et du résultat de ses travaux. Des questions me furent adressées sur les dangers des sables, sur les objections de la *Revue d'Édimbourg;* j'y répondis d'une manière qui parut satisfaisante.

Je fus ensuite conduit à la séance de la Société. Le président, M. Murchisson, devait introduire, par exception, en dehors de l'ordre du jour, la question de l'isthme de Suez. Après plusieurs discours, dans lesquels les orateurs avaient fait successivement ressortir la nécessité d'ouvrir des communications promptes et faciles entre les peuples, le président m'engagea à parler sur l'isthme de Suez. La salle était pleine et il y avait un grand nombre de dames. Dès que je me levai, je reçus une salve d'applaudissements. Les mêmes applaudissements accueillirent la fin de mon speach, que le secrétaire m'a prié de reproduire et de lui envoyer, pour qu'il soit consigné dans le bulletin de la Société. J'ai immédiatement fait ce travail. En voici la copie :

M. le capitaine Fitzroy, parlant d'un projet de canalisation de l'isthme de Darien, vous a dit tout à l'heure, dans un langage éloquent, que beaucoup de grandes entreprises, paraissant d'abord chimériques, avant d'être étudiées, deviennent réalisables aux yeux de tout le monde, lorsqu'elles ont été sérieusement examinées sur les lieux. J'espère qu'il en sera ainsi pour le canal interocéanique dont il vient d'être question et je fais des vœux pour sa réalisation. Quant au percement de l'isthme de Suez, sur lequel M. le président a bien voulu m'inviter à parler, je puis vous assurer que l'entreprise est tout à fait praticable.

J'ai réuni, il y a plusieurs mois, une commission composée des plus célèbres ingénieurs de l'Europe dans les travaux de port ou de canalisation.

La majeure partie de cette commission s'est rendue en Egypte ; elle a déclaré à l'unanimité que la canalisation de l'isthme de Suez et l'établissement de deux ports sur la mer Rouge et la Méditerranée étaient des œuvres faciles et d'un succès assuré.

La rade de Suez est vaste et sûre. Plus de cinq cents bâtiments pourraient y trouver place. Ses profondeurs sont de cinq à treize mètres, sur un fond de vase d'une excellente tenue. La corvette anglaise *Zenobia* y sert depuis trois ans de magasin de charbon pour le service des paquebots des Indes; elle est dans la région la plus exposée aux vents, et, dans le cours de ces trois années, ses ancres n'ont pas varié, ses câbles n'ont pas éprouvé la moindre avarie, ses communications avec la terre n'ont pas été un seul jour interrompues, ce qui n'arrive pas constamment dans des ports qui paraissent excellents. Deux passes profondes et saines, assez large pour qu'on puisse y louvoyer en tout temps et s'ouvrant par des profondeurs de seize à vingt mètres, donnent accès au mouillage.

La commission a pu conclure de ces données que la rade de Suez avait toutes les qualités désirables pour former la tête du canal des deux mers.

Sur tout le parcours de l'isthme, de Suez à Péluse, la commission internationale n'a rencontré aucune difficulté pour le creusement du canal, ni pour sa conservation dans un sol uni et dont la composition géologique est très favorable. Les sondages vérifiés par elle établissent que le sol de l'isthme est en général formé d'une première couche de sable agglutiné, d'une seconde couche de terre argileuse, d'une troisième couche de marne calcaire, jusqu'à ce que l'on arrive à l'argile plastique, vers onze ou douze mètres au-dessous du niveau des mers.

Pendant notre excursion dans l'isthme, le vice-roi d'Egypte avait envoyé la frégate à vapeur le *Nil* dans le golfe de Péluse, où M. Larousse, ingénieur hydrographe, muni des instructions de la commission, avait pu exécuter de nombreux sondages et lever le plan hydrographique de la baie. Il fut constaté qu'en avant du cordon littoral s'étend une zone de sable fin, pareil à celui de la plage qui finit aux profondeurs de dix mètres, à partir desquelles commence une zone de vase d'une bonne tenue pour l'ancrage des navires et se prolongeant jusqu'aux grands fonds de la Méditerranée. La partie de la baie ou la plus grande profondeur se rapproche de la baie est à la hauteur de Tannis. L'on y trouve huit mètres d'eau, à deux mille trois cents mètres de la plage, sur une étendue de cinq lieues entre la bouche d'Oum-Fareg et celle de Gémileh. C'est là que la Commission a fixé l'entrée du canal par la Méditerranée. Des jetées de deux à trois mille mètres n'ont rien d'extraordinaire, et dans l'endroit où elles seront placées, l'abordage et l'appareillage présentent toute facilité à la navigation.

Je m'occupe en ce moment de la publication d'une brochure qui contiendra les procès-verbaux des études de la commission des ingénieurs pendant son exploration de l'isthme, ainsi qu'une réponse à la *Revue d'Edimbourg* qui a propagé des idées erronées sur la praticabilité de l'entreprise. Les erreurs dans lesquelles est tombée la *Revue* sont excusables parce que, à l'époque où elle a traité la question, elle ne pouvait pas encore connaître les travaux de la commission des ingénieurs.

Dans un pays où il y a complète liberté de discussions publiques, les bonnes causes finissent toujours par triompher.

Résumé des résolutions arrêtées par la Commission scientifique internationale dans six séances, tenues les 23, 24 et 25 juin.

Paris, 25 juin 1856.

1° La Commission a rejeté le système des tracés indirects à travers l'Égypte et elle a adopté le principe du percement direct de Suez à la Méditerranée.

2° Elle a rejeté le système d'alimentation du canal maritime par l'eau du Nil et elle a adopté le mode d'alimentation par l'eau de mer.

3° Elle a discuté les avantages et les inconvénients d'un canal à berges continues d'une mer à l'autre; à la suite de cette discussion, elle a décidé que le canal serait sans berges dans la traversée des Lacs amers.

4° L'interposition des Lacs amers laissés libres ayant pour effet d'amortir les courants de marée, la Commission a jugé que des écluses aux deux entrées du canal, à Suez et à Péluse, n'étaient pas nécessaires. Elle a réservé néanmoins la faculté de les établir plus tard, s'il le fallait.

5° Elle a maintenu la largeur de 100 mètres à la ligne d'eau, 46 au plafond sur tout le parcours du canal, pour la partie de 20 kilomètres qui devra être empierrée entre Suez et les Lacs amers. Elle a réduit la largeur dans le reste du canal à 80 mètres à la ligne d'eau et à 36 au plafond.

6° Le profil de l'avant-projet des ingénieurs de Son Altesse le vice-roi est maintenu.

7° Entrée sur la Méditerranée (Port-Saïd) :

La Commission adopte pour le port de Port-Saïd le projet de jetées présenté par les membres qui sont allés en Égypte, seulement la largeur du chenal sera de 400 mètres au lieu de 500, et l'on ajoutera un arrière-bassin.

8° Port de Suez sur la mer Rouge :

La Commission adopte l'emplacement et la direction du chenal. La largeur sera de 300 mètres au lieu de 400, et l'on ajoutera un arrière-bassin.

9° La Commission déclare que l'éclairage, par des feux de premier ordre, des atterrissages sur la côte d'Égypte et de la mer Rouge, doit être la conséquence de l'ouverture du canal.

10° Un port de ravitaillement, de réparation et de radoub sera créé dans le lac Timsah.

11° Pour ce qui concerne les canaux auxiliaires d'eau douce dérivée du Nil, elle déclare qu'elle laisse le choix du meilleur mode d'exécution à l'appréciation des ingénieurs qui dirigeront les travaux, d'accord avec le gouvernement du vice-roi.

12° Enfin il est résulté des informations détaillées, données par les officiers de marine, membres de la Commission, que la navigation de la mer Rouge est aussi bonne que celle de la Méditerranée et de l'Adriatique. Cette opinion, accueillie par la Commission, est le résumé en propres termes de l'avis du capitaine Harris, qui a fait soixante-dix traversées de Suez aux Indes.

Alexandrie, 16 juillet 1856.

Je suis entré ce matin dans le port d'Alexandrie; je ne pouvais arriver plus à propos : au moment où le bâtiment jetait l'ancre, les salves du fort et de la marine annonçaient la fête du vice-roi. Prévenu qu'à huit heures le corps consulaire et les autorités devaient féliciter Son Altesse, j'eus soin que personne ne lui fît connaître que j'étais à bord du paquebot de Trieste. Je me rendis au palais sans m'arrêter en ville. J'entrai dans la chambre du vice-roi, nous nous embrassâmes, et je fus le premier à le complimenter.

Je terminerai bientôt tout ce que j'ai à faire, et je partirai, le 22, pour Paris, en passant par Trieste, Venise, Milan, Gênes et Marseille.

Note sur les enquêtes officielles relatives au percement de l'isthme de Suez.

Paris, 10 août 1856.

Plusieurs gouvernements s'occupent, chacun à leur point de vue, du percement de l'isthme de Suez. Ce sont les gouvernements anglais, sarde, hollandais, autrichien, vénitien, romain.

La Sardaigne, l'Autriche, la Hollande, Venise et le Pape regardent déjà l'entreprise comme définitive et se préparent avec une louable prévoyance aux suites considérables qu'elle doit avoir. Les uns agrandissent leurs anciens ports, en vue du développement prévu de leur commerce; d'autres créent des ports nouveaux. Les uns sont placés sur la Méditerranée ou l'Adriatique, les autres sont placés sur la mer du Nord et verront abréger de moitié la distance qui les sépare de colonies opulentes, sources principales de leur richesse et de leur puissance.

On peut donc dire sans exagération que le monde officiel s'émeut de notre grande entreprise. C'est une phase toute nouvelle où elle entre.

Le gouvernement anglais a envoyé en rade de Péluse un bâtiment de la marine royal pour vérifier les sondages de la commission internationale.

Voilà donc les gouvernements qui, sans faire aucune démarche diplomatique, et chacun isolément, s'occupent de notre entreprise. Tous ces examens ne peuvent tourner qu'au progrès de l'œuvre, et nous en attendons avec assurance le résultat prochain.

*Note publiée dans le journal l'*ISTHME DE SUEZ.

Considérations sur l'Égypte.

Paris, 25 août 1856.

Si l'on considère avec attention l'état particulier de chacun des pays qui composent la monarchie ottomane, il est impossible de ne pas être frappé des conditions exceptionnelles dans lesquelles se trouve l'Egypte.

La population de l'Egypte n'a point d'analogie avec celle du reste de l'empire. Elle n'est ni turque, ni grecque, ni arabe. Les habitants de la vallée du Nil sont le même peuple que les Egyptiens des Pharaons. Pour peu qu'on ait vécu au milieu d'eux, on ne saurait conserver de doute à cet égard. Conformation corporelle, dispositions intellectuelles, mœurs, préjugés, ils ont à peu près tout gardé de l'ancienne race, et les révolutions, qui ont si souvent changé la face politique de l'Egypte, n'ont pas sensiblement altéré le type primitif de la population indigène.

C'est assez dire que les Egyptiens de nos jours ont hérité des qualités et des défauts des Egyptiens des temps antérieurs. Or, à remonter jusqu'aux saintes Ecritures, tous les documents historiques s'accordent pour marquer d'un même trait les côtés saillants du caractère national. L'Egyptien a cela de commun avec les autres individus d'origine éthiopienne, que, léger, nonchalant et doux à l'ordinaire, il se montre par moments opiniâtre, énergique et animé des plus violentes passions. Par un singulier contraste, il joint à beaucoup d'intelligence une imprévoyance et une incurie de ses propres intérêts qui souvent dépassent toutes les bornes ; à une humeur facile et généralement sociable, une répugnance naturelle pour ce qui vient de l'étranger ; à une soumission presque passive au pouvoir qui se fait directement sentir, une grande propension à méconnaître l'autorité dont l'action est éloignée.

L'histoire ancienne et l'histoire moderne nous apprennent que, par leur courage inné, leur aptitude aux travaux les plus divers et leur vigueur dans l'action, les Egyptiens sont capables de grandes choses ; mais c'est à la condition qu'ils soient soumis à un régime approprié à leur nature, et dirigés par une main habile et ferme. Abandonnés à eux-mêmes, livrés à leur libre arbitre, ils manquent d'initiative, de ressort, d'élan, pour améliorer leur propre situation, et le sentiment du devoir ne supplée que bien rarement chez eux à l'absence de ces qualités.

A côté de la population indigène, et l'entourant de toutes parts, sont les Arabes du désert. Ce voisinage est souvent une cause de collisions sanglantes et de ruine pour les campagnes limitrophes, toutes les fois que l'autorité ne sait pas les protéger contre les déprédations des tribus nomades.

Ainsi une imprévoyance, une légèreté, qui rendent toujours nécessaires le contrôle et la direction du pouvoir ; une insoumission traditionnelle à l'autorité qui paraît dépourvue de force virtuelle et des moyens spontanés d'action, quelques mauvais penchants à refréner ; voilà des données dont il faut tenir grand compte dans l'appréciation de l'état moral et social de la population égyptienne.

Les circonstances physiques sous l'influence desquelles l'Egypte est placée ne sont pas moins remarquables.

L'Egypte, on le sait, est une des plus fertiles contrées du globe. L'abondance et la variété de ses récoltes sont proverbiales ; et, pendant une longue suite de siècles, son importance politique a tenu en grande partie à son importance comme pays de production. Toutefois, par opposition à ce qui se voit dans les autres contrées favorisées de la nature, la fécondité du sol repose, en

Egypte, sur un fait unique, l'existence du Nil, dont les crues annuelles viennent rafraîchir et fertiliser la terre. Privée des inondations, l'Egypte ne serait qu'un désert; elle n'existe que grâce au Nil; elle ne vit qu'en vertu du phénomène des crues périodiques, dont le retour est heureusement aussi régulier que les révolutions des astres.

Mais le fleuve n'étend pas de lui-même ses bienfaits au delà de ses rives, et son flot ne baigne naturellement que des terrains resserrés dans d'étroites limites. D'où la nécessité de recourir à des procédés artificiels pour ménager, diriger les eaux, de manière à les répandre sur les points les plus reculés du territoire, et l'urgence d'un vaste système de canalisation, d'endiguement et de barrage, dont l'entretien ne peut être négligé un seul jour sans que la stérilité et la ruine d'une portion plus ou moins étendue de l'Egypte ne s'ensuivent. Or, on doit tenir pour certain que ces travaux, exigeant une étude générale des besoins du pays, de grands moyens d'exécution et des avances considérables, ne seront jamais accomplis s'ils sont abandonnés à l'incurie des particuliers, dont les ressources en tout genre sont d'ailleurs trop bornées pour en assurer l'exécution. C'est donc à l'administration seule qu'il appartient d'y pourvoir.

Ainsi, voilà un grand pays, une riche contrée dont non seulement la prospérité, mais l'existence même, dépendent entièrement du bon ou du mauvais vouloir, de la force ou de la faiblesse qui préside à ses destinées. Il est aisé de déduire les conséquences d'une telle situation. Nous nous bornerons pour le moment à rappeler que, sous le gouvernement des mamelouks, auquel l'expédition française porta les premiers coups et que Méhémet-Ali, finit par anéantir, les canaux de l'Egypte étaient comblés pour la plupart, les moyens d'irrigation presque tous détruits, la population en décroissance, et les sources de la production à peu près taries.

Enfin, la position géographique de l'Egypte lui donne aux yeux du monde une valeur que ne possède aucune autre fraction de l'empire ottoman. Placée sur les confins de l'Afrique et de l'Asie, baignée d'un côté par la mer Rouge et de l'autre par la Méditerranée, l'Egypte est la route la plus courte, la plus directe entre l'Occident et l'extrême Orient, le point central des immenses relations qui lient aujourd'hui l'Europe, les Indes, la Chine et l'Océanie. Après que la découverte du passage par le cap de Bonne-Espérance eut ouvert une voie de communication rivale, on a vu, durant une longue période, la route tracée par Vasco de Gama enlever à l'Egypte le mouvement du commerce de la Chine et des Indes. Mais alors la route du Cap n'a pas été préférée seulement parce qu'elle évitait les transbordements et parce qu'elle offrait à l'ancienne navigation une économie de temps et d'argent. Ce n'est point pour ces motifs seuls qu'elle a été choisie, tout puissants qu'ils étaient: elle a été de plus une nécessité pour le commerce, par la raison toute simple que la route de l'Egypte avait cessé d'être praticable.

L'état d'anarchie qui, sauf de rares intervalles, n'avait cessé de désoler ce pays depuis le XVe siècle, les troubles dont il avait été constamment le théâtre, le fanatisme et les habitudes inhospitalières de ceux qui le gouvernaient avaient élevé une barrière, que le commerce, effrayé du manque de sécurité, n'essayait plus de franchir. L'Egypte, comme point géographique, offre naturellement aux communications de l'Occident avec l'Orient le trajet le plus avantageux; et ce privilège, elle ne peut le perdre qu'autant que sa situation intérieure détruit l'œuvre de la nature. La preuve en est que, du moment où l'ordre a été rétabli dans ce pays, où les intérêts étrangers y sont devenus l'objet d'une protection intelligente et suivie, la route par l'Egypte s'est de nouveau ouverte au commerce du monde. Sous ce rapport, l'Egypte a recouvré déjà en partie l'importance dont elle était déçue; et cette importance sera d'autant plus grande, les intérêts des nations commerçantes d'autant mieux garantis, qu'une administration éclairée et pourvue de ressources suffisantes aura su rendre le passage plus facile et plus sûr.

De ce que l'Egypte se distingue par une population

dont le caractère lui est particulier, par des conditions physiques d'existence qui n'appartient qu'à elle seule, et par une position géographique qui fait converger vers elle les plus grands intérêts, il est permis de conclure qu'elle a des éléments de force et tout ensemble des causes de dépérissement, des besoins, un mouvement social, une vie enfin, qui lui sont propres. C'est ce qui explique pourquoi l'Égypte n'est jamais restée d'une manière permanente à l'état de simple province, qu'elle qu'ait été la puissance sous le spectre de laquelle la conquête l'a fait tomber.

Toutes les fois que l'Egypte a été réduite par accident à la condition de simple province, c'est-à-dire placée sous un régime commun à d'autres possessions, cette alternative s'est invariablement présentée : ou les principes de sa prospérité ont été étouffés par un système d'administration qui n'était pas approprié à ses besoins, ou bien elle a recouvré l'indépendance, soit à cause de la faiblesse et de l'impéritie de la métropole, soit par la défection des gouverneurs habiles à tirer parti des forces du pays, au profit de leur propre grandeur.

Qu'a-t-on vu, par exemple, depuis la conquête de l'Egypte par le Sultan Sélim en 1517 ? Son fils et successeur, Soliman le Législateur, était à coup sûr un prince d'une habileté et d'une expérience consommées. Il avait judicieusement reconnu que l'Egypte devait être gouvernée d'une manière particulière. Mais il s'était trompé sur un point. En posant des limites trop étroites à l'autorité des pachas envoyés au Caire, en qualité de gouverneurs, en ne leur donnant qu'une position précaire, sans consistance, il leur avait ôté l'influence et le crédit nécessaires pour résister aux intrigues, aux factions et à l'esprit de rébellion dont le germe est toujours quelque part en Egypte. Les mamelouks profitèrent de cette circonstance pour s'emparer du pouvoir, et devenir en réalité les maîtres du pays. Les gouverneurs ottomans finirent bientôt par n'être plus que leurs prisonniers ; et la Porte, privée de toute intervention dans l'administration de l'Egypte, réduite à la promesse d'un faible tribut qui, de fait, n'était jamais acquitté, ne conserva pendant plus de deux cents ans qu'une autorité purement nominale sur la conquête de Sélim.

Le général Bonaparte avait commencé, au pied des Pyramides, l'œuvre de la destruction du gouvernement des beys, le pire de tous ceux qui ont pesé sur l'Egypte. Au départ de l'armée française, les troupes ottomanes, avec l'assistance des Anglais, avaient installé des gouverneurs turcs dans les villes. Mais la Sublime-Porte n'avait point encore recouvré la possession effective du pays. Le désordre y régnait à ce point que les représentants du souverain s'y voyaient frappés d'impuissance. On peut dire que c'est Méhémet-Ali qui a rendu l'Egypte au Sultan, et qui l'a rendue dans la plénitude de ses ressources et dans toute sa valeur sociale, de telle sorte qu'elle fût à même de prêter à la métropole un utile concours en soldats et en subsides.

Mais croit-on que Méhémet-Ali, malgré ses éminentes qualités, eût accompli son œuvre, s'il n'avait été investi que d'une autorité temporaire et limitée? Simple gouverneur de province, Méhémet-Ali serait-il parvenu à anéantir les tronçons toujours vivaces des milices circassiennes; à comprimer les ferments d'anarchie qui se produisaient sous toutes les formes; à mettre fin aux déprédations d'un brigandage séculaire; à triompher de la formidable insurrection qui, en 1824, mit en feu la haute Egypte; à rendre les villes saintes à la vénération des musulmans; à restaurer l'ordre et le travail exilés depuis si longtemps; à réparer et à étendre, dans des proportions inconnues jusqu'à lui, la canalisation de la vallée du Nil; à donner à l'agriculture l'impulsion qui a décuplé la valeur du mouvement commercial de l'Egypte? Simple gouverneur de province, Méhémet-Ali aurait-il, en un mot, créé l'administration active et vigilante qui, en fondant sur des bases solides la paix intérieure et la sécurité publique, a rouvert l'Egypte aux explorations des voyageurs, aux études de la science, aux entreprises du commerce étranger et au transit important de l'Angleterre avec les Indes?

Pour obtenir ces merveilleux résultats, il a fallu à

Méhémet-Ali, outre son génie, un pouvoir permanent, incontesté, une complète liberté d'action, et quarante ans de travaux et d'efforts dirigés vers le même but. Il lui a fallu plus encore, pourquoi ne pas le dire? il lui a fallu la conviction intime que sa tâche serait continuée par sa famille, et qu'il travaillait pour sa postérité.

Il ressort évidemment des faits que nous venons d'exposer et des conséquences qui en découlent, que l'Egypte ne jouira jamais du calme intérieur et de l'entier développement de ses ressources, et ne sera jamais pour la métropole ni une possession assurée, ni une annexe utile, si elle n'est dotée d'institutions en rapport avec son état moral, d'un système d'administration spécialement approprié à ses besoins, d'un gouvernement ayant, avec une indépendance relative, des garanties de force et de durée.

La situation exceptionnelle de l'Egypte, et la nécessité d'y pourvoir, par la constitution également exceptionnelle de l'autorité locale, ont déjà été reconnues par les hommes d'Etat de l'Europe et de la Turquie. Expression solennelle de la sagesse impériale, le hatti-shérif de 1841, conseillé par les grandes puissances, a eu pour objet d'en consacrer le principe par la pratique.

Le hatti-shérif, en effet, résout nettement la question. Sans aliéner le droit de suzerain, il fait une large part à l'Egypte et au prince vassal qui la gouverne, puisqu'il établit textuellement :

1° Que le gouvernement de l'Egypte est rendu héréditaire en faveur de Méhémet-Ali et de sa descendance ;

2° Que le vice-roi d'Egypte a la faculté d'entretenir une armée indigène ;

3° Que, moyennant un tribut fixe et annuel envers le Sultan, le vice-roi a l'entière perception et gestion des revenus de l'Egypte.

Sauf quelques imperfections qu'on doit sans doute attribuer aux défiances qui survivaient à une crise encore récente, il est juste de reconnaître que l'acte impérial de 1841 a constitué le pouvoir égyptien de manière à concilier les intérêts les plus divers. Monument des généreuses pensées du Sultan régnant, il assure à la fois à l'Egypte la libre expansion des germes de prospérité qu'elle recèle, et à la Sublime-Porte la jouissance des avantages que lui avaient fait perdre les réserves de l'empereur Soliman. La lutte des intérêts n'est donc plus possible, et les calamités qui en étaient la suite ne sont plus à craindre, si l'on s'en tient loyalement, de part et d'autre, à l'esprit dans lequel cette grande œuvre a été conçue. D'une part, les témoignages de fidélité du vassal, et, d'autre part, la sagesse du souverain ont jusqu'à présent réussi à faire disparaître dans la pratique les imperfections du hatti-shérif dont nous venons de parler. Chaque fois que le vice-roi a démontré au Sultan la nécessité de ne pas appliquer à la lettre certaines dispositions de détail inutiles ou nuisibles aux intérêts bien entendus de l'Egypte et de l'empire, il a été fait droit à ses demandes, de même que, de son côté, il n'a pas hésité à augmenter volontairement le tribut primitivement réglé, ou à fournir dans certaines circonstances des subsides extraordinaires.

Le hatti-shérif limitait à 18.000 hommes le nombre des troupes égyptiennes. La Porte a laissé en fait aux successeurs de Méhémet-Ali la faculté de porter leur force militaire à un chiffre bien supérieur; et elle s'en est bien trouvée, puisque, au moment où la dernière guerre a éclaté, les 60.000 soldats égyptiens qui composaient alors l'effectif de l'armée ont pu fournir à la Turquie un contigent de près de 40.000 hommes.

L'acte de 1841 établissait que les troupes égyptiennes porteraient le même uniforme que les troupes ottomanes. Cette disposition pouvait-elle être observée, quand il est prouvé que le climat de l'Egypte rend cet uniforme incommode et même nuisible à la santé du soldat? Les héroïques zouaves, qui ont planté le drapeau français sur les murs de Sébastopol, sont habillés à la turque; ils portent le *chirwal* (large pantalon) et le turban: en sont-ils moins pour cela au premier rang des soldats de la France? Napoléon Ier avait les mamelouks de sa garde; l'empereur de Russie a son escadron de Circassiens. Ce n'est pas le costume qui fait le courage et le dévouement, et il eût été puéril d'attacher à la forme du vêtement le gage de fidélité.

Enfin, on lit dans le hatti-shérif que les lois et règlements d'administration publique émanés de la Sublime-Porte seront exécutoires en Egypte. Appliquée dans toute sa rigueur, cette disposition aurait pu servir de prétexte pour annuler une partie des concessions essentielles stipulées dans l'intérêt de la bonne administration de l'Egypte.

Sous le gouvernement d'Abbas-Pacha, prédécesseur de Mohammed-Saïd, des négociations s'établirent entre le divan impérial et le vice-roi, au sujet de quelques points du *tanzimat*, dont ce dernier craignait que l'exécution en Egypte n'eût de graves inconvénients. Sans entrer dans l'exposé des arguments présentés de part et d'autre, nous rappellerons que, grâce à l'intervention éclairée d'hommes d'Etat dévoués aux intérêts de leur pays, parmi lesquels nous citerons Fuad-Pacha, aujourd'hui ministre des affaires étrangères en Turquie, le Sultan, dans sa profonde équité, donna raison à l'Egypte. Une dérogation expresse aux articles dont il s'agit fut admise en faveur du gouvernement local, et les difficultés se trouvèrent ainsi aplanies.

Les débats qui ont eu lieu à cette occasion ont révélé l'existence d'un parti qui regrette l'institution d'un gouvernement exceptionnel en Egypte, et qui serait très disposé à dénaturer dans la pratique l'esprit de l'acte de 1841. Nous voulons parler de certains réformateurs, gens de bonne foi sans doute, mais tellement absolus dans leurs théories, qu'ils veulent, en toute occasion, en poursuivre l'application, au risque des plus sérieux mécomptes. Leur principe est l'unité d'organisation de l'empire ottoman ; c'est la centralisation administrative, à l'instar de celle qui est pratiquée en France. Il ne leur vient pas à la pensée que la France avec ses quatre-vingt-six départements d'un seul tenant, sa population compacte, homogène, est autre chose que l'empire ottoman, composé de pays et de peuples si divers. L'unité existe en France, la centralisation y a produit d'excellents résultats ; il faut donc donner à la Turquie la centralisation, l'unité françaises. Partant de là, et pressés de réaliser leur utopie, ils ne reculeraient devant aucun obstacle, ni aucun danger, pour faire passer toutes les fractions de l'empire sous le niveau d'un système d'administration uniforme. Comme si la véritable, la grande unité, pour un Etat composé d'éléments dissemblables, n'était pas l'unité des résultats plutôt que celle des moyens; comme si la véritable centralisation pour une monarchie ainsi constituée ne résidait pas dans le concours actif et toujours disponible de toutes les forces nationales développées selon leur nature, et conformément aux lois particulières de leur existence.

En tendant à diminuer la part d'autorité et à restreindre la liberté d'action justement attribuées au gouvernement de l'Egypte, on ne porterait pas seulement atteinte à ce gouvernement; la métropole elle-même aurait à regretter des tentatives irréfléchies.

En effet, pour peu que le chef du gouvernement égyptien ait le sentiment de ses devoirs et la conscience de la responsabilité qui pèse sur lui, aux yeux du monde entier, comme à ceux de son suzerain; pour peu qu'il se rende compte des grands et nombreux intérêts qui reposent sur la bonne police et la paix intérieure du pays confié à ses soins, il regardera comme une impérieuse obligation de ne pas accepter aveuglément des mesures qui auraient pour effet d'atténuer les droits, dans lesquels il puise la force nécessaire pour remplir dignement son mandat. Il opposera donc, comme cela s'est déjà vu, une résistance morale à des actes de nature à affaiblir entre ses mains les moyens d'action, que, précédemment, on avait jugé convenable et utile de mettre à sa disposition. Sa fidélité n'en serait pas un instant ébranlée, et loin que des doutes puissent s'élever sur la loyauté de ses intentions, sa résistance même serait le gage le plus sûr de son dévouement à la patrie commune. Mais il n'en est pas moins vrai que, si un dissentiment s'élevait entre la métropole et l'Egypte, si le faisceau des forces ottomanes était momentanément relâché, s'il y avait divergence de vues et d'efforts, rien dans la situation actuelle de la Turquie ne saurait être plus préjudiciable à la chose publique.

On concevrait encore jusqu'à un certain point que les partisans exclusifs de la centralisation consentissent à courir quelques risques pour établir leur système, si l'empire ottoman devait en définitive en recueillir de grands avantages, et si une intervention plus directe dans l'administration de l'Egypte pouvait procurer à la Sublime-Porte des ressources supérieures à celles qui lui sont assurées sous le régime actuel. Mais il n'y a pas même à espérer un pareil résultat; l'expérience n'est plus à faire. Nous savons ce que l'Egypte rendait à la Turquie, lorsqu'elle était gouvernée par des pachas de Constantinople; le compte n'est pas long à dresser.

Quant aux forces militaires, il ne fallait même pas songer à en tirer de l'Egypte, dont les habitants ne s'armaient que pour piller les voyageurs ou se battre entre eux.

Eh bien! aujourd'hui, cette même Egypte verse régulièrement, et quelquefois par avance, au trésor impérial, un tribut annuel qui, tous frais d'administration payés, ne s'élève pas à moins de douze millions de francs. A cette large contribution viennent s'ajouter en maintes occasions des dons volontaires dont le chiffre a de l'importance.

En outre, durant la dernière guerre, l'Egypte a pu, sans diminuer la force publique nécessaire à la garde et à la police du pays, fournir à la Sublime-Porte un contingent considérable de soldats courageux et disciplinés qui ont glorieusement combattu sur les bords du Danube et en Crimée, ainsi qu'une division navale, composée de plusieurs frégates et vaisseaux, dont quelques-uns ont partagé le désastre de Sinope. Ce n'est pas tout: quarante mille fusils, des approvisionnements et des munitions de toute sorte ont été tirés des magasins et des arsenaux du Caire et d'Alexandrie pour être offert à la métropole.

Dans toutes les mosquées de l'Egypte, la prière se fait au nom du Sultan; son chiffre est inscrit sur les étendards de l'armée indigène. Le canal du Nil à

Alexandrie, le plus grand monument de l'Egypte moderne, le barrage du Nil, proclament assez haut, par les appellations qu'ils ont reçues, les noms des monarques sous lesquels ils ont été exécutés. Prestations effectives et obligatoires envers la Sublime-Porte, symboles extérieurs, tout révèle et consacre aujourd'hui en Egypte la souveraineté du Sultan.

Ce rapprochement entre le passé et le présent est assez concluant, nous ne le pousserons pas plus loin.

Les vrais amis de l'empire ottoman, ceux qui regardent comme inséparables la prospérité de l'Egypte et la régénération de la Turquie, doivent donc s'attacher à maintenir les principes qui ont donné naissance à la transaction de 1841. Les alliés du généreux Abdul-Medjid ont bien senti que l'œuvre de la délivrance ne serait complète qu'autant qu'ils éclaireraient la Sublime-Porte sur la marche à suivre, pour dégager les forces vitales de l'empire des éléments délétères qui les frappent d'inertie. Déjà, par leurs avis, de sages réformes sont au moment de s'accomplir, de grandes voies de communication vont faire pénétrer dans l'intérieur de l'empire le mouvement qui donne la vie au commerce et à l'agriculture, et les capitaux étrangers pourront y mettre en valeur les richesses du sol. L'Egypte a eu la gloire de prendre l'initiative de ce mouvement. Depuis plus d'un quart de siècle la tolérance religieuse la plus large est dans la pratique du gouvernement égyptien; et bien avant que l'égalité des droits eût été formulée dans la législation de la métropole, les chrétiens se voyaient, en Egypte, élevés aux mêmes grades, aux mêmes honneurs que les mulsumans.

Si, de la question de principe, nous passons à la question de personne, il sera facile de démontrer que les intérêts de la Turquie, liés à ceux de l'Egypte, ne risquent en aucune façon de péricliter sous l'administration du vice-roi actuel, prince qui, répudiant les traditions léguées par ses prédécesseurs, a spontanément renoncé à se faire le premier agriculteur de l'Egypte, qui a levé les entraves mises à la liberté des transactions commerciales, et qui, le lendemain de son avènement, ordonnait de continuer le chemin de fer d'Alexandrie à la mer Rouge, en même temps qu'il prenait la résolution de faire ouvrir au monde la plus importante des voies de communication, par le percement de l'isthme de Suez.

Note pour l'Empereur Napoléon.

Paris, 20 octobre 1857.

La facilité d'exécution du canal maritime de Suez a été établie d'une manière incontestable par les travaux d'une commission internationale formée de l'élite des ingénieurs et des marins, et par la sanction des principales corporations savantes de l'Europe.

Le concours énergique et soutenu du vice-roi d'Égypte, les offres de capitaux assurent la réussite de l'opération financière.

Les vœux des nations, exprimés avec une force et une unanimité remarquables par la voix de la presse ou par les délibérations des corps officiels ont acquis à l'entreprise la sympathie et l'appui des gouvernements.

Les résolutions si concluantes de vingt meetings des villes commerçantes ou manufacturières de l'Angleterre, les manifestations des conseils généraux et des chambres de commerce de l'empire français ont constaté l'accord des deux nations alliées et ont isolé une opposition égoïste qui avait cherché vainement à les diviser.

Dans cette situation, il est aujourd'hui de mon devoir, comme concessionnaire de l'entreprise, de me rendre à Constantinople pour aller y négocier, au sujet de l'autorisation du Sultan, qui n'était point de droit rigoureux, suivant le principe soutenu par l'ambassade britannique, au sujet du chemin de fer entre Alexandrie et Suez, mais que le vice-roi a cru convenable de solliciter, pour montrer sa déférence envers son suzerain, et pour éviter de donner à une politique malveillante un prétexte de justifier son opposition à une œuvre d'utilité universelle.

Je puis compter que je serai appuyé auprès de la Porte par les légations de l'Autriche, des États-Unis d'Amérique, de la Russie, de la Hollande, de la Belgique, de la Prusse, de la Suède, du Danemark, des villes anséatiques, de l'Espagne, du Portugal, de la Sardaigne, de la Toscane, des Deux-Siciles et de la Grèce.

Pour conserver à l'entreprise son caractère universel, je m'adresserai aux représentants de ces puissances aussi bien qu'à celui de mon propre pays, dans le cas où l'influence de lord Stratford de Redcliffe tenterait d'entraver la liberté du divan.

Il est possible que cette influence ne se manifeste point, depuis que lord Palmerston a été obligé, par l'attitude du Parlement et par l'opinion publique, de modifier la violence de ses premières déclarations, depuis surtout que de terribles événements ont démontré *qu'il n'y avait point de sécurité pour l'avenir, si le gouvernement ne prenait pas des mesures efficaces pour rapprocher la métropole de ses colonies orientales, et s'il ne mettait pas au premier rang de ces mesures le percement de l'itshme de Suez.*

Je ne demande donc point au gouvernement de

l'Empereur de prendre aucune initiative, ni de sortir spontanément de la réserve que, jusqu'à présent, il a eu la sagesse de s'imposer, mais si, pendant ma négociation à Constantinople, j'étais dans le cas, en ma qualité de Français et de concessionnaire d'une entreprise qui intéresse la France, de réclamer l'intervention de l'ambassadeur de France, en même temps que celle des représentants de toutes les autres puissances, j'espère que la protection de M. Thouvenel ne me fera pas défaut, et que l'Empereur voudra bien lui faire envoyer des instructions à ce sujet.

A M. le comte Th. de Lesseps, à Paris.

Constantinople, 23 décembre 1857.

Mon principal travail, avant de commencer mes négociations, a été d'écarter avec décision une *fin de non-recevoir* conseillée par lord Stratford, avant son départ. Il s'agissait de m'amener à consentir qu'une circulaire fût adressée par la Porte aux diverses puissances pour les inviter, *préalablement à toute décision de sa part*, à se mettre d'accord entre elles. C'était placer la question sur le terrain que je n'ai jamais voulu admettre, c'est-à-dire donner toute liberté à la légation anglaise d'embrouiller l'affaire et d'en retarder indéfiniment la solution. La plupart de ceux qui ne demandent pas mieux que de me soutenir avaient déjà donné dans le panneau. La position était assez difficile, puisque j'avais à agir non seulement contre l'opinion de mes adversaires, mais encore contre celle de mes amis. La tâche était encore plus délicate à l'égard de ces derniers, car il ne fallait pas les blesser, et il convenait de les conduire à admettre ma tactique, comme si elle était inspirée par leur propre manière de voir.

J'ai heureusement réussi, et je crois avoir fait un pas important, en posant nettement les bases de la question.

Le dîner de réconciliation m'a beaucoup servi pour entretenir, entre le café et la pipe, chacun des membres du ministère turc en particulier, et leur faire comprendre que l'abandon de leur part de toute opinion et de toute décision serait une véritable abdication, et que s'ils ne se comptaient pas eux-mêmes pour quelque chose, personne, moi le premier, ne compterait plus avec eux. L'examen de l'entreprise, sous le point de vue de l'intérêt de l'empire ottoman, est donc un fait aujourd'hui établi : les deux journaux de Constantinople, soumis à la censure, l'ont constaté. Maintenant, je vais commencer mes négociations avec Réchid-Pacha. Je suis convenu avec lui que je lui écrirai pour avoir un rendez-vous en toute liberté, et sans être dérangé, dans son yali (maison de campagne) du Bosphore.

La seconde difficulté lancée sur mon chemin par lord Stratford, et que j'aurai à combattre chez les Turcs, provient des susceptibilités que l'on a fort bien exploitées à l'endroit de l'Égypte, d'autant plus qu'elles s'adressaient à des esprits faibles et jaloux.

La force personnelle de lord Stratford était ici considérable, parce que, sans qu'il en coûtât un sou à son gouvernement, il avait entouré le sultan de fonctionnaires qui tenaient de lui leur situation, et qui craignaient de la perdre, s'ils le mécontentaient. Ce régime s'étendait et s'étend encore à l'étranger, où la plupart des chefs des missions ottomanes, ou leurs principaux secrétaires, sont à sa dévotion et correspondent avec lui.

Au même.

Constantinople, 25 décembre 1857.

J'ai eu hier une conférence de deux heures avec Réchid-Pacha, dans sa résidence d'Émerghian, sur le Bosphore. Je n'ai pas manqué de lui dire tout ce qui pouvait frapper son esprit et lui démontrer l'avantage d'une solution favorable, émanant de l'initiative de la Turquie.

Réchid-Pacha m'a ramené en ville dans son bateau à vapeur où nous étions seuls et où nous avons continué notre entretien. Il n'a pas hésité à me faire des promesses formelles. J'ai été même étonné de son assurance de parti arrêté en faveur du canal.

Je lui ai fait entendre que je comptais moins sur des promesses que sur la manière dont il les ferait exécuter, soit par lui-même, soit en se couvrant des ordres supérieurs du Sultan ou de l'opinion du conseil des ministres, dans le cas où des circonstances particulières obligeraient sa personne à une certaine réserve diplomatique.

J'ai su qu'en me quittant le grand-vizir s'était empressé de soumettre au conseil des ministres un memorandum que j'avais préalablement communiqué à M. Thouvenel, et qui a eu son approbation. Je t'envoie une copie de ce document pour le comte Walewski. Avant ma conférence avec Réchid-Pacha, j'avais vu à part chacun des membres du conseil, et j'avais eu soin de faire tout ce qui était nécessaire pour les prévenir en faveur de l'entreprise. J'ai eu, en outre, des pourparlers importants avec un fonctionnaire du palais, Nedgib-Pacha, récemment envoyé par le Sultan en Égypte. Nedgib-Pacha est une espèce d'intendant du harem, et la faveur du maître oblige tous les ministres à compter avec lui.

Mon arrivée à Constantinople était bien opportune. Les intrigues de l'ambassade anglaise agissent depuis trois ans d'une manière incessante auprès des Turcs, les idées les plus fausses se propageaient et menaçaient de s'enraciner, si je n'étais pas venu à temps les combattre sur les lieux.

Tu peux dire au ministre que M. Thouvenel est toujours dans la juste mesure. Il peut être certain que jamais il ne se compromettra. Peu d'ambassadeurs pourraient plus que lui faire réussir ce que l'on désire, en lui laissant le choix des moyens, dans un pays qui ne ressemble à aucun autre et qu'il connaît bien.

Les ministres étrangers continuent à m'aider de leurs avis et de leur moyen d'influence ou d'informations. J'ai communiqué à chacun d'eux mon memorandum. Le correspondant du *Times* à Constantinople l'envoie à son journal.

Maintenant, j'ai une confidence à te faire, pour ex

pliquer le congé donné à lord Stratford, avant mon arrivée.

Je tiens de source étrangère que lors de la visite faite par l'empereur et l'impératrice à la reine d'Angleterre, à Osborne, il a été question du canal de Suez, dans une conférence à laquelle assistaient lord Palmerston et le comte Walewski; ne pouvant obtenir que le gouvernement français s'opposât à une entreprise qui nuirait aux intérêts anglais, puisqu'elle agissait en dehors de l'action des gouvernements, on se contenta de renouveler l'accord, en vertu duquel on s'engageait à maintenir la neutralité des agents diplomatiques des deux pays.

On sentait donc le besoin de renouveler cette neutralité que, d'après les déclarations publiques de lord Palmerston, les agents anglais avaient ouvertement violée. — Quoi qu'il en soit, ce principe va de nouveau être adopté en théorie; mais en pratique, si nous avons la naïveté de l'observer, je déclare à l'avance, preuves en main, que les Anglais ne le suivront pas.

Pour en avoir l'apparence, ils ont donné congé à lord Stratford, remplacé par le premier secrétaire Alison, non moins zélé serviteur des instructions secrètes du Foreign Office, et, par suite, le loyal M. Bruce est remplacé par M. Green, le consul à Alexandrie, chargé de gérer le consulat général.

Le comte Walewski, qui assistait à la conférence d'Osborne, saura mieux que personne si je suis bien informé. — Un homme averti en vaut deux!

Memorandum à S. A. Réchid-Pacha.

Constantinople, 29 décembre 1857.

J'ai l'honneur de prier Votre Altesse de demander à S. M. I. le Sultan un iradé à l'effet d'autoriser la Compagnie commerciale anonyme, siégeant à Alexandrie, dont je suis le représentant, à exécuter les travaux de la jonction de la Méditerranée et de la mer Rouge, au moyen d'un canal destiné à compléter, par une voie maritime, la communication abrégée que le chemin de fer d'Alexandrie à Suez a déjà établie entre les diverses parties du monde.

A la suite d'un premier séjour que je fis, il y a trois ans, à Constantinople, et pendant lequel Votre Altesse fut régulièrement saisie de tous les documents préliminaires, elle voulut bien remettre entre mes mains, le 12 djemazul akhir 1271 (1er mars 1855), une lettre où elle considérait l'entreprise comme « *étant des plus utiles* », et elle ajoutait : « *conformément à* « *l'ordre impérial émané au sujet de l'entreprise si* « *intéressante du canal, la question se trouve ac-* « *tuellement à l'étude du conseil des ministres.* »

Depuis lors, afin de faciliter l'examen et la décision de la Sublime-Porte, j'ai cherché à dégager la question des objections provenant de la croyance d'une impossibilité d'exécution ou de la crainte de nuire aux intérêts légitimes des puissances étrangères.

La première objection a été levée par le rapport

d'une commission scientifique internationale, dont la compétence et le jugement ont été sanctionnés par les corps savants de l'Europe.

La seconde objection a été également détruite par l'expression unanime de l'opinion publique dans tous les pays. Les adhésions des gouvernements du continent n'ont pas été moins explicites, et, en ce qui concerne l'Angleterre, je crois devoir mentionner les dernières déclarations officielles, faites dans la Chambre des Communes, le 14 août 1857, postérieurement aux résolutions adoptées par les associations et chambres de commerce et par les nombreux meetings qui ont été tenus dans les principales villes de la Grande-Bretagne.

M. Gladstone s'est exprimé en ces termes :

La Chambre doit traiter le projet du canal de Suez, aussi bien que le chemin de fer de l'Euphrate et les projets de télégraphe, comme une question purement commerciale, et elle peut se reposer sur ce principe que les meilleurs juges d'une spéculation commerciale sont les personnes qui sont engagées à mettre leur capital dans l'entreprise. Si ce projet vient à être converti par le gouvernement en une question politique, il y aurait le plus grand danger de rompre ce concert et cet accord européens, qui sont d'une importance supérieure en ce qui concerne notre politique en Orient. Personne ne pourra cependant regarder la carte du monde, et nier qu'un canal à travers l'isthme de Suez, s'il était possible, ne fût d'un grand avantage pour l'intérêt de l'humanité. Ce projet a été approuvé et trouvé excellent par tous les gouvernements de l'Europe et spécialement par la France, notre grande alliée. — Qu'y aurait-il alors de plus malheureux que de voir naître des querelles à Constantinople, à ce sujet, entre les ambassadeurs de France et d'Angleterre? Eu égard à nos possessions dans l'Inde ne faisons pas naître dans l'Europe que la possession de l'Inde par la Grande-Bretagne a besoin, pour se maintenir, que l'Angleterre s'oppose à des mesures qui sont avantageuses aux intérêts généraux de l'Europe. Ne laissons pas naître cette fâcheuse contradition, parce que ce serait affaiblir notre pouvoir dans l'Hindoustan plus que ne le feraient dix révoltes comme celles qui viennent d'avoir lieu dernièrement.

Lord Palmerston a répondu :

Le motif principal et le *seul* que nous ayons fait valoir auprès du gouvernement turc, pour ne pas accepter le plan proposé, ce n'est pas le dommage causé à l'Angleterre, mais le dommage de la Turquie, le danger de porter atteinte à l'intégrité de l'empire ottoman.

Toute la question est donc actuellement renfermée dans l'appréciation de l'intérêt de l'empire ottoman. Il est évident que cette appréciation ne peut être raisonnablement faite que par le gouvernement du Sultan. C'est à lui que je m'adresse, avec la conviction que l'examen réfléchi auquel il s'est déjà livré lui a démontré les nombreux avantages réservés à la Turquie par l'exécution du canal de Suez. Pour se rendre compte de ces avantages, il suffit de rappeler que la route de Constantinople à la mer des Indes se trouvera abrégée de 4.800 lieues, que les possessions ottomanes de l'Arabie et de la côte orientale d'Afrique seront mises à la portée des armements maritimes de la métropole, et que le facile accès de la mer Rouge sera un bienfait inappréciable pour l'accomplissement du saint pèlerinage des musulmans.

Lorsque le gouvernement impérial aura formulé son opinion comme il le jugera convenable à ses intérêts, ce sera encore à lui qu'il appartiendra de déclarer que le canal maritime de Suez sera ouvert à toujours et en tout temps, comme passage neutre, à tous navires de commerce traversant d'une mer à l'autre, sans aucune destination exclusive ni préférence de nationalité. L'accession des puissances étrangères, que la Sublime-Porte jugera sans doute à propos d'inviter à adhérer à ses déclarations, ne devra être que la conséquence d'un fait déjà décidé par elle, dans la mesure de sa compétence et de ses droits. Telle est l'opinion exprimée à ce sujet par le prince de Metternich, opinion que j'ai récemment communiquée aux différents cabinets de l'Europe et de l'Amérique, dont les représentants à Constantinople ont été chargés d'appuyer mes démarches.

De cette manière, disait le prince de Metternich, *la question intérieure de l'exécution* se trouvera séparée de *la question extérieure de neutralité*, les prérogatives de la souveraineté territoriale resteront intactes, et l'empire ottoman prenant, à cette occasion, l'initiative qui lui convient dans une négociation de droit public européen, donnera satisfaction aux intérêts de toutes les puissances, en même temps qu'il obtiendra, par leur accession, une nouvelle garantie de son intégrité et de son indépendance.

Les considérations que je viens d'indiquer formeront les éléments de nos négociations. Je me mets à la disposition de Votre Altesse et de la Sublime-Porte pour fournir les renseignements et les explications qui seront jugés nécessaires, et j'ai la confiance que, dans un moment où les hommes les plus éclairés de l'empire ottoman sont heureusement réunis pour accomplir les libérales intentions de leur souverain, le projet du percement de l'isthme, après avoir obtenu la consécration de la science et de l'opinion publique, recevra de la part des conseillers du Sultan une favorable solution.

A M. le comte Th. de Lesseps, à Paris.

Constantinople, 11 janvier 1858.

Voici un gros événement qui va probablement influer d'une manière fâcheuse sur l'affaire du canal : c'est la mort brusque et inattendue de Réchid-Pacha. Je l'avais vu, la veille, et il se portait très bien; on a raconté qu'après avoir bu une tasse de café, il a été pris de vomissements et de convulsions, et qu'il a expiré. Pour faire taire ces bruits, on a nommé une commission de médecins européens qui n'ont pas pu faire l'autopsie, mais dont le rapport établit que la mort a été naturelle. D'ailleurs, en Orient, lorsqu'un grand personnage disparaît, le peuple croit difficilement à un accident naturel. Quoi qu'il en soit, je regrette Réchid-Pacha, pour lui-même d'abord, et ensuite pour le canal, car la diplomatie anglaise me semblait ne plus devoir trop compter sur lui.

Son successeur, Aali-Pacha, est certainement l'homme le plus honnête et le plus instruit de tout l'empire, mais le fond de son caractère est la timidité et l'absence de toute initiative. Les menaces de lord Palmerston, à la suite du congrès de Paris, résonneront toujours à ses oreilles. Dans tous les cas, mes rapports avec lui seront excellents ; il sera disposé à tenir ses promesses, mais je doute qu'il en fasse. Je vais reprendre avec lui mes négociations.

A M. Thouvenel, à Constantinople.

Constantinople, 13 janvier 1858.

Le baron de Prokesch, l'internonce d'Autriche, m'a dit avoir entretenu Aali-Pacha de l'affaire de Suez et avoir appuyé les conclusions de mon memorandum, en lui faisant comprendre qu'il était hors de doute, après les dernières déclarations de lord Palmerston, que c'était uniquement à la Porte à prendre une décision. Il a, en outre, annoncé à Aali-Pacha ma visite pour vendredi matin.

J'ai pensé qu'il était essentiel de ne pas perdre le fruit de mes préliminaires entamés avec Réchid-Pacha. J'ai donc consigné ce qui s'était passé entre l'ancien grand-vizir et moi, dans la note ci-jointe que je me propose de remettre, vendredi, à Aali-Pacha, si vous l'approuvez.

Note à S. A. Aali-Pacha, grand-vizir.

Constantinople, 15 janvier 1858.

Après avoir commencé mes négociations avec le prédécesseur de Votre Altesse et lui avoir donné verbalement toutes les explications ne nature à appuyer les conclusions de mon memorandum du 29 décembre, remis par lui-même, le même jour, entre les mains de Votre Altesse, j'avais cru devoir indiquer les points essentiels qui, suivant ma manière de voir, pouvaient former le texte de l'iradé dont il se proposait de faire la demande à S. M. I. le Sultan.

S. A. Réchid-Pacha avait accueilli mes ouvertures avec sa bienveillance ordinaire, et en m'assurant à l'avance de sa sympathie personnelle pour l'entreprise du canal de Suez, si longuement et si mûrement préparée; il m'avait remercié des efforts que j'avais faits depuis trois ans pour conserver intacte la question d'exécution et la remettre à la décision de son souverain; il m'avait, en outre, engagé à formuler par écrit le projet dont je l'avais entretenu.

J'ai l'honneur de communiquer à Votre Altesse ce projet. Je me félicite de continuer avec elle une négociation à laquelle jusqu'ici elle n'est pas restée étrangère, et que son esprit droit et éclairé saura certainement conduire à bon terme.

PROJET D'IRADÉ IMPÉRIAL JOINT A LA NOTE CI-DESSUS

M. Ferdinand de Lesseps est autorisé à faire exécuter, par une compagnie financière, dont il est le représentant, les travaux de canalisation de l'isthme de Suez.

Le canal maritime de Suez est déclaré passage neutre, à toujours et en tout temps, pour tous navires de commerce traversant d'une mer à l'autre, sans aucune distinction, exclusion ni préférence de personnes ou de nationalités.

Toutes les puissances étrangères, dont les nationaux sont intéressés, pour leurs navires de commerce, à obtenir la neutralité du passage du canal, seront invitées à adhérer à la précédente déclaration et à en garantir le maintien, d'accord avec la Sublime-Porte.

Le droit spécial du passage, par le canal maritime, à percevoir par la Compagnie, pour l'indemniser des dépenses de construction, d'entretien et d'exploitation, restera fixé au maximum de 10 francs par tonneau de capacité et par tête de passager.

A aucune époque il ne pourra être établi sur les navires, sur les personnes et sur les marchandises passant dans les canaux ou séjournant dans les ports, docks et autres établissements construits et exploités par la Compagnie, aucun droit, impôt ou taxe quelconque ayant pour effet, soit de diminuer les avantages auxquels elle aurait droit pendant la durée de la concession maritime limitée à quatre-vingt-dix-neuf ans, soit d'augmenter pour le commerce universel, après l'expiration du privilège de la Compagnie, les charges qui auront pu résulter de l'exercice de ce privilège.

A aucune époque, il ne pourra non plus être établi aucun droit, impôt ou taxe quelconque, ni sur les actions ou obligations émises par la Compagnie, conformément aux dispositions de ses statuts, ni sur la possession ou la transmission de ces titres, ni sur les revenus des titres de la Compagnie.

N. B. — Ces stipulations ne sont que la reproduction des principes de l'acte de concession.

A M. le comte Th. de Lesseps, à Paris.

Constantinople, 27 janvier 1858.

Les dispositions du nouveau grand-vizir Aali-Pacha me sont signalées de tous côtés comme étant des plus favorables. Il résulte seulement de ses habitudes d'indécision et de timidité que si l'on peut davantage compter sur sa parole que sur celle de ses collègues du ministère, il faut faire avec lui une plus grande part au *bakaloum.* Je crois, en outre, découvrir dans ses conversations la pensée qu'il préfère attendre, avant de se décider, les interpellations annoncées au Parlement anglais pour le commencement de février. Ceci me montre que, malgré sa bonne volonté, il a encore plus la crainte de mécontenter Londres que le désir de contenter Paris, et que chez les Turcs, même les meilleurs, il y a toujours lieu d'appliquer le proverbe oriental : « *Une once de crainte fait plus qu'un quintal d'amitié.* » Imbu de cette idée, je n'ai jamais compté, pour la réussite de mon entreprise à Constantinople, que sur le premier mobile. Mes armes sont :

ou la crainte de la France, ou la crainte de voir la Compagnie du canal se passer de la sanction de la Porte.

Je n'emploierai le dernier moyen, qui a ses inconvénients et ses dangers dans ce moment, qu'à défaut du premier. C'est pourquoi je ne me presse point, comprenant que ce serait donner de la force et une certaine apparence de raison à l'opposition gouvernementale anglaise que de faire intervenir la France, avant que des capitaux libres de toute attache politique aient formé la Compagnie. Il est vrai que cette situation contient un cercle vicieux, car le but de l'opposition anglaise est d'empêcher les capitaux de se présenter ; mais mes efforts doivent tendre à démontrer aux yeux de tout le monde que nos ennemis sont à bout d'arguments, et lorsque nous aurons la galerie pour nous, nous pourrons hardiment franchir le Rubicon.

Je parle donc moins de l'appui du gouvernement français, et je déclare que son action à laquelle les autres États sont disposés à se joindre, ne me fera pas défaut, lorsque je le réclamerai.

A M. le comte Th. de Lesseps, à Paris.

Constantinople, 17 avril 1858.

Les divagations calculées et les fins de non-recevoir du cabinet anglais ne sont point des arrêts devant lesquels j'aie à m'incliner et encore moins à reculer;

je ne les considère même que comme des jalons que je laisse derrière moi, et qui marqueront bientôt le chemin que j'aurai parcouru en avant.

Je ne comprends pas que quelques politiques, dont j'aime habituellement les conseils, en soient encore à regretter, dans ce moment surtout, que je me sois rendu à Constantinople, au lieu d'aller à Londres. Ils ne persévéreront pas dans cette pensée, s'ils veulent comparer la situation actuelle de mon entreprise avec ce qu'elle était, il y a quatre mois, lorsque j'ai quitté Paris; alors Palmerston avait publiquement déclaré que la question ne regardait pas l'Angleterre, mais la Turquie. Il fallait donc lui couper la retraite qu'il se ménageait à Constantinople, et d'où il m'aurait battu, car, avec les menaces des agents anglais et l'abstention de notre diplomatie, j'ai aujourd'hui plus que jamais la conviction que, sans ma présence ici, lord Palmerston ou ses successeurs *ejusdem farinæ*, auraient escamoté à la Porte quelque déclaration fatale à l'exécution du canal.

Maintenant cette manœuvre est devenue impossible, parce que, là où je veille, je pare les coups qui nous sont portés. Aujourd'hui, la *Turquie repousse hautement toute solidarité avec l'opposition anglaise*, voilà ce qui fait notre force et qui me permettra de marcher imperturbablement à mon but, quel que soit le résultat des explications politiques promises à la tribune anglaise par M. Disraëli.

La Porte doit envoyer aujourd'hui même, à M. Mussurus, du moins elle le dit, une dépêche dans laquelle elle charge son ambassadeur de déclarer au gouvernement anglais qu'elle repousse toute solidarité avec lui dans l'opposition qu'il fait au canal de Suez.

A M. Thouvenel, à Constantinople.

Constantinople, 28 avril 1858.

J'ai reçu hier soir la dépêche télégraphique suivante :

Londres, 26 avril.

Interpellations auront lieu bientôt par Rœbuck. On verra alors que, malgré la tactique de Malmesbury et du *Times*, l'Angleterre désire le canal. Tâchez de venir.

A S. A. Aali-Pacha, grand-vizir.

Constantinople, 28 avril 1858.

Je transmets en original à Son Altesse la dépêche télégraphique que je viens de recevoir de Londres.

Je lui communique, en outre, pour continuer à la tenir au courant de mes démarches, les copies d'une lettre que j'ai adressée, par le dernier courrier, à Vienne, et de mes instructions à M. Barthélemy-Saint-Hilaire, dont j'avais déjà eu l'honneur de lui donner lecture.

A M. Barthélemy Saint-Hilaire, à Paris.

Constantinople, 12 mai 1858.

Mon but de montrer ma résolution de marcher, en dépit de toute opposition, ayant été atteint ici et en Égypte, par la communication de mon projet de circulaire aux agents, et en Angleterre par ma lettre à M. Lange, nous pourrons attendre les interpellations nouvelles annoncées au Parlement.

Ces interpellations et la résolution qui doit suivre dans les premiers jours de juin, ainsi que me l'écrit M. Lange, sont d'ailleurs des faits qui doivent modifier mon plan d'opérations.

Au lieu de rester à Constantinople jusqu'au résultat de la discussion parlementaire, je prends la détermination de me rendre moi-même en Angleterre, en passant par Paris, et de revenir ensuite ici, avant de constituer la Compagnie, avec ou sans la ratification du Sultan.

Je viens de faire part de mon projet au vice-roi.

A M. de Negrelli, à Vienne.

Athènes, 21 mai 1858.

Ainsi que je vous l'avais annoncé, j'ai pris à Constantinople le paquebot du 19 pour Marseille. Je serai probablement à Londres à la fin du mois, et je vous ferai savoir par le télégraphe ce qui s'y sera passé.

Je dépends, pour notre grande affaire, des événements qui la dirigent, et, quand le vent change, il faut changer de voilure en mettant le cap le plus près possible du point d'arrivée.

Je pense que je pourrai être de retour à Constantinople dans un mois. Si le ministère anglais déclare de nouveau son opposition au canal, dans le sein du Parlement, il me faudra encore de l'agitation en Angleterre et ailleurs. J'annoncerai publiquement ma résolution de former la Compagnie, conformément au plan que je vous avais déjà indiqué, à la suite des précédentes déclarations de M. Disraëli.

A M. Barthélemy Saint-Hilaire, à Paris.

Port Figari (île de Sardaigne).

27 mai 1858.

En sortant du détroit de Messine, une tempête et la rupture de l'hélice du *Méandre* nous ont tenus en danger pendant trois jours, et lorsque nous allions probablement naufrager sur la côte, un petit bateau à vapeur, qui fait le service postal entre Gênes et Cagliari, a eu le courage de nous prendre à la remorque, malgré la grosse mer, et nous a conduits avec grandes difficultés au port Figari. Cet accident va retarder mon arrivée à Londres, et je ne pourrai pas assister à la discussion du Parlement. Faites savoir à Lange que si nos amis ne peuvent pas faire cesser l'opposition gouvernementale, cette opposition sera impuissante à empêcher la marche d'une entreprise particulière, et suscitera partout de fâcheux sentiments contre l'Angleterre.

A M. de Negrelli, à Vienne.

A M. S.-W. Ruyssenaers, à Alexandrie.

A M. Ch. Aimé de Lesseps, à Constantinople.

(Dépêche télégraphique.)

Londres, 8 juin 1858.

La discussion au Parlement, qui a fait une impression favorable pour nous sur l'opinion publique, sera suivie de motions nouvelles. Le ministère sera harcelé jusqu'à la clôture parlementaire. La qualité et la persistance des orateurs partisans du canal assurent le succès moral. La persuasion générale est que la marche de la Compagnie ne peut être arrêtée et que l'opposition est insoutenable. Bientôt je partirai pour l'Égypte et Constantinople.

A M. Barthélemy Saint-Hilaire, à Paris.

Londres, 9 juin 1858.

Je vous donne le résultat de mon entretien avec notre ambassadeur, le maréchal duc de Malakoff.

1° Le maréchal est très sympathique à notre entreprise;

2° Il n'a pas d'instructions pour agir sur le gouvernement anglais;

3° Il m'a paru soulagé, lorsque je lui ai dit que je venais à Londres pour *mes* affaires du canal, sans avoir besoin de recourir à son intervention;

4° Mon assurance et la déclaration que je lui ai faite de mon intention de poursuivre l'entreprise et de marcher à *l'exécution*, malgré l'opposition du cabinet anglais, ont produit sur son esprit et sur son attitude envers moi une impression très favorable, exprimée par son désir de ne pas quitter ce monde avant d'avoir assisté à l'inauguration du canal des deux mers.

Un grand dîner et une soirée chez M. Hankey, gouverneur de la Banque et membre du Parlement, ont eu pour conséquence de me faire dire, par plusieurs membres opposants de la Chambre des Communes, que *je les avais persuadés.*

En résumé, après avoir entendu beaucoup de sons de cloche, voici la situation anglaise, telle que je l'aperçois aujourd'hui :

Les 62 voix qui ont voté pour la motion Rœbuck sont convaincues et nous sont acquises à jamais.

Les autres, formant la majorité ministérielle et docile de la Chambre, ont réservé leur opinion sur la question du canal, d'après la prière que leur en a faite M. Disraëli, de se donner le temps de s'informer, avant de se prononcer *pour* ou *contre*. Une bonne partie de cette majorité, d'après ce que m'a dit M. Rœbuck lui-même, est systématiquement hostile au canal, *parce qu'elle est systématiquement l'ennemie de la France*.

Lord John Russell, Gladstone, Milner Gibson, Rœbuck, etc., etc., vont s'entendre pour éclairer la Chambre par de nouvelles motions et pour pousser le ministère dans ses derniers retranchements.

Je vous envoie la copie de la dépêche télégraphique définissant notre position, et que j'ai expédiée hier à Vienne, à Alexandrie et à Constantinople :

En ce qui concerne les communications de la France et de l'Angleterre, au sujet de la question du canal, ai-je dit à plusieurs personnages, il avait été convenu dès le principe que, du moment où l'opinion exprimée dans des notes par les deux gouvernements était différente, il fallait laisser l'entreprise agir par ses propres forces, d'autant plus qu'elle ne réclamait l'assistance d'aucun gouvernement.

Les agents diplomatiques anglais et français, tant à Constantinople qu'à Alexandrie, devaient observer la neutralité et s'abstenir de faire agir leur influence.

Maintenant il est de la plus insigne mauvaise foi de prétendre que la France ne s'intéresse pas à l'entreprise du canal de Suez, parce que les agents français ont été fidèles au principe de neutralité qu'il leur avait été ordonné de suivre, et que les Anglais y ont complètement manqué, en Turquie et en Egypte.

A M. Barthélemy Saint-Hilaire, à Paris.

Alexandrie, 9 juillet 1858.

Je me trouvais avec le vice-roi, lorsqu'on a apporté la nouvelle de l'épouvantable massacre de Djeddah. Comme j'exprimais mon indignation, le prince me dit tranquillement : « Comment ! vous qui connaissez l'Orient depuis plus longtemps que moi, vous vous étonnez ! Mais votre expérience aurait dû vous apprendre que lorsque des populations fanatiques et barbares ne sont pas tenues par une main ferme, il arrive un jour où elles se livrent aux plus déplorables excès. Ici même, beaucoup de personnes qui vous saluent avec respect, vous arracheraient le cœur si elles n'avaient pas la crainte. La politique anglaise a fait enlever à mon père l'administration de la Syrie ; on pourra voir encore d'autres exemples de fanatisme déchaîné. Mais quant à Djeddah et à l'Arabie, *notre canal* y mettra bon ordre, et forcément l'Arabie aura à prendre part au mouvement européen. »

Ces observations si justes sont utiles à consigner dans nos archives.

Il pourra aussi être intéressant de vous donner quelques détails sur les événements de Djeddah ; je les tiens de mademoiselle Elisa Eveillard et de M. Emerat, échappés au massacre, et dont les blessures sont encore ouvertes.

Cinq mille émeutiers se sont rués sur les consulats d'Angleterre et de France. Le consul anglais a été littéralement taillé en pièces, deux de ses drogmans et un domestique indien ont été égorgés. Le consul de France, M. Eveillard, a été tué à coups de couteau et de sabre; sa femme a reçu un coup de couteau mortel à la poitrine, après avoir tué un hadramant et blessé un autre. Sa fille, au milieu de cette scène effroyable avait sur ses genoux la tête de son pauvre père ouverte de deux coups de sabre, et voyant le chancelier, M. Emerat, déjà atteint de trois blessures, luttant corps à corps avec un des assassins, elle eut le courage de s'élancer sur ce dernier, de lui enfoncer ses ongles dans la figure et de lui mordre le bras au point de faire tomber l'arme, qui a servi ensuite à M. Emerat pour se défendre contre d'autres assaillants jusqu'au moment où il est tombé sous les coups redoublés de ces misérables. Mademoiselle Eveillard avait reçu à la joue une large blessure provenant d'un coup de yatagan, et elle s'était affaissée. Les assassins croyant avoir accompli toute leur œuvre de sauvagerie, se répandirent dans l'hôtel du consulat pour se livrer au pillage. Mademoiselle Eveillard attira sur elle et sur les corps sanglants de ses parents les coussins et les couvertures d'un divan, et là elle attendit.

Une nouvelle horde de bandits se précipita, quelques moments après, dans cette pièce désolée où régnait le silence de la mort. Voyant des jambes dépasser les couvertures du divan, ils cherchaient, à coups de sabre, à s'assurer si les corps étendus à terre étaient bien réellement privés de vie. Mademoiselle Eveillard supporta cette nouvelle épreuve avec ce courage qui ne l'a jamais abandonnée. Mais ces souffrances n'étaient pas terminées. Voulant chercher si une grande armoire, au pied de laquelle la jeune fille se trouvait blottie sous les coussins, pouvait contenir des objets précieux, quatre ou cinq bandits montèrent sur le marche-pied de chair humaine, et l'on peut juger, dans cette situation, au milieu d'une mare de sang et placée entre les corps encore chauds de ses parents, de ce que cette pauvre jeune fille a dû souffrir.

Enfin, ivre de pillage et de sang, la deuxième horde s'éloigna.

Alors entra dans la chambre un jeune nègre, envoyé comme sauveur par les femmes d'un harem du voisinage, auxquelles, quelques jours auparavant, madame Éveillard et sa fille avaient apporté des médicaments. Ce jeune nègre, seul ami au milieu de tant d'ennemis féroces, avait dû se résigner à un rôle passif, jusqu'au moment où il pourrait accomplir sa mission. Aussitôt qu'il vit le soleil prêt à cesser d'éclairer cette journée fatale, il fit comprendre par des signes à mademoiselle Eveillard qu'il venait en ami. Il la dégagea de l'espèce de tombeau où elle était ensevelie vivante, et après avoir eu à soutenir bien des luttes et à vaincre des difficultés, il parvint jusqu'au harem, où la réfugiée reçut l'hospitalité.

Quant à M. Émerat, il a été sauvé par un musulman algérien qui avait servi douze ans dans les rangs de l'armée française, et qui s'était jeté avec furie sur les envahisseurs du consulat de France, lorsqu'il les avait vus abattre le mât de pavillon et fouler aux pieds le drapeau tricolore. C'est depuis ce moment qu'il était venu au secours du personnel du consulat et qu'il réussit à défendre, à recueillir et à mettre en lieu de sûreté M. Émerat.

A M. S.-W. Ruyssenaers, à Alexandrie.

Constantinople, 28 juillet 1858.

Nous avons lieu de nous féliciter, car je viens de lever le rideau sur notre dernier acte. Il n'y avait pas à perdre son temps en négociations inutiles avec les Turcs, mais, profitant de leurs déclarations, j'ai constaté le fait de leur adhésion tacite et j'ai placé mes intérêts et ceux de la Compagnie sous la protection infaillible de l'Empereur des Français.

Le baron de Prokesch, ambassadeur d'Autriche, M. de Boutenieff, embassadeur de Russie, le général de Wildenbruck, ministre de Prusse, M. de Souza, ministre d'Espagne et les représentants des autres gouvernements à Constantinople approuvent ma détermination, la feront connaître à leurs cours respectives et se joindront au besoin à l'ambassadeur de France.

Je vous prie de faire connaître au vice-roi cette situation qui est nette et franche, et lui laisse en définitive le plus beau rôle.

A. S. E. M. Thouvenel, ambassadeur de France à Constantinople.

Constantinople, 30 juillet 1858.

Un premier entretien, que j'ai eu avec le grand-vizir Aali-Pacha, à Constantinople, m'a convaincu que, dans la situation qui a été faite au gouvernement turc par les démarches successives de l'ambassade anglaise, ainsi que par la discussion du 1er juin au Parlement britannique, la Sublime-Porte croyait plus que jamais avoir besoin d'un contrepoids qui pût lui permettre sans s'exposer à des difficultés redoutables, de remplir la formalité officielle d'une sanction déjà reconnue en principe.

Elle s'exagère certainement les difficultés que pourrait lui créer une décision nette et franche puisée dans le sentiment de sa dignité et de ses intérêts, car, en suivant ses propres inspirations, elle ne se serait pas créé plus d'embarras que n'en a eus son vassal, le vice-roi d'Égypte, dont la résolution lui a, au contraire, attiré de toutes parts les plus vifs témoignages de la sympathie et de l'adhésion universelles.

Mais, vous connaissez mieux que personne, monsieur l'ambassadeur, la situation de la Turquie dont l'attitude passive se trouve ainsi expliquée.

Les ministres de la Porte vous ayant maintes fois déclaré à vous-mêmes qu'ils étaient favorables à l'entreprise du canal de Suez, et que leur gouvernement n'apportait *de son chef* aucun obstacle à sa réalisation, il m'a semblé que le terme de mes négociations avec eux était arrivé.

J'ai alors entretenu de cet état de choses sir Henri Bulwer, auquel d'anciennes relations personnelles m'ont permis d'expliquer ma pensée sur la situation fausse et équivoque dans laquelle me paraissait se placer son gouvernement. L'ambassade anglaise s'était montrée jusqu'à présent aussi hostile que possible à mon entreprise, sans avoir cependant fait auprès du Sultan aucun acte ostensible ou officiel qui pût faire attribuer son opposition à des motifs sérieux, justifiés par la conservation de ses propres intérêts.

En effet, l'on trouve dans les paroles prononcées, le 1er juin dernier, au Parlement anglais, par M. Disraëli, chancelier de l'échiquier, la preuve de l'opinion que je viens d'exprimer.

Je vous ai rendu compte, monsieur l'ambassadeur, de ma conversation avec M. Bulwer. J'ai l'honneur de vous communiquer aujourd'hui la lettre que j'ai adressée, le 28, à l'ambassadeur anglais, suivant son propre désir. Il vient de m'accuser réception de cette lettre, en ajoutant qu'il allait la transmettre, avec tous mes documents, à son gouvernement, dont il attendrait les ordres.

Il appartiendra donc au gouvernement de l'Empereur de protéger mes droits et ceux de la Compagnie commerciale universelle du canal de Suez.

Je vais continuer de mon côté à faire tout ce qui dépendra de moi pour que le concours des autres gouvernements, dont j'ai reçu les plus favorables assurances, nous vienne en aide, s'il était nécessaire, et pour que la réunion des intérêts généraux de l'entreprise nous apporte chaque jour des forces nouvelles.

A M. Barthélemy Saint-Hilaire.

Constantinople, 18 août 1858.

Je viens de prendre des dispositions à Odessa pour constituer des agents correspondants de la Compagnie en Russie.

J'ai prévenu toutes les ambassades étrangères à Constantinople de mon départ qui aura lieu le 21, pour aller constituer la Compagnie, et je leur ai remis des copies de mes lettres du 28 et du 30 juillet à sir Henri Bulwer et à M. Thouvenel.

La question politique de Suez, à l'égard de l'Angleterre, ayant été déférée à notre gouvernement, et l'adhésion tacite de la Porte étant suffisamment constatée, il ne me reste plus qu'à préparer l'organisation de la Compagnie.

M. Thouvenel approuve mes projets et trouve que ma présence à Constantinople n'est plus nécessaire, car, ainsi que je le lui ai fait observer, si j'attendais ici les décisions que prendra le gouvernement de l'Empereur, il faudrait, dès à présent, me soumettre à toutes les lenteurs faciles à prévoir dans des négociations ou pourparlers entre les cabinets de Paris et Londres, et je serais exposé à arrêter ma marche que je considère comme irrésistible, si elle se poursuit partout résolument et sans interruption jusqu'à la convocation du premier conseil d'administration.

M. Stephenson avoue, dans une lettre insérée au *Times*, qu'il n'a parcouru qu'une partie de l'isthme. Cette partie que je connais, puisque j'ai vu moi-même les traces de sa voiture, n'a pas été au delà d'une lieue de Suez. Il a laissé de côté la visite la plus essentielle, celle des Lacs amers, de Timsah à Péluse et du littoral de la Méditerranée, car c'est là qu'étaient les seules difficultés, au moins celles que la malveillance et l'ignorance s'étaient plu à grossir.

Quant au fond de sa lettre, je n'y vois que des affirmations, sans aucune réponse raisonnée aux rapports et conclusions de la Commission internationale, ainsi qu'aux observations scientifiques de MM. Paléocapa, de Negrelli, Conrad et de M. Ch. Dupin, rapporteur de la commission de l'Académie des sciences.

Note circulaire aux journaux français et étrangers.

Paris, 15 octobre 1858.

Au moment où la question du percement de l'isthme de Suez va entrer dans la période d'exécution, le mandataire de S. A. le vice-roi d'Égypte croit devoir à l'opinion publique, qui l'a si puissamment secondé, des informations nettes et précises sur la situation de l'entreprise.

Les instructions données au concessionnaire, dès le 19 mai 1855, par S. A. le vice-roi d'Égypte, contenaient ce qui suit : « Ce sera seulement après l'adoption du tracé de communication entre les deux mers, et lorsque tous les avantages et toutes les obligations de ceux qui prendront part à l'entreprise seront bien déterminés, que les capitalistes et le public seront appelés à souscrire des actions, et que les représentants des intéressés décideront en dernier ressort sur toutes les questions se rattachant à l'exécution et à l'exploitation de l'entreprise. »

Ces instructions ont été suivies de point en point.

Le tracé du canal a été déterminé avec une autorité scientifique hors de toute atteinte. Les avantages et les obligations de ceux qui vont prendre part à l'entreprise ont été énumérés déjà plus d'une fois et sont ici l'objet d'un nouvel exposé. Enfin, le public va être appelé à souscrire les actions et à constituer la Compagnie.

Cette Compagnie, dont les statuts ont été approuvés par S. A. le vice-roi d'Égypte, a pour objet : 1° la réunion de la Méditerranée à la mer Rouge par un canal de grande navigation ; 2° la jonction du Nil au canal maritime par un canal d'irrigation et de navigation fluviale ; 3° la mise en valeur des terrains concédés à la Compagnie et situés de manière à profiter du canal d'irrigation.

La dépense totale à prévoir pour l'exécution de tous les travaux s'élève à 160 millions de francs. Dans cette somme ne sont pas compris les intérêts annuels à 5 p. 100, qui seront calculés sur les versements effectués et qui sont assurés aux actionnaires, jusqu'au moment où l'entreprise donnera des produits suffisants.

Le produit brut du canal a été évalué à la somme annuelle de 30 millions de francs provenant du seul droit de passage des bâtiments, à raison de 3 millions de tonneaux de charge et de 10 francs par tonneau. Or, la capacité des navires de commerce qui doublent aujourd'hui le cap de Bonne-Espérance est de plus de 4 millions de tonneaux. En bornant à 3 millions le tonnage des navires qui passeront par le canal maritime, on reste fort au-dessous ne toutes les probabilités, surtout lorsque l'on considère que, l'année dernière, 3.600.000 tonneaux ont transité par les Dardanelles.

Le revenu, provenant du droit de passage par le canal maritime, s'augmentera par le développement obligé de la navigation générale, ainsi que par la perception des droits de navigation sur le canal d'eau douce et par le produit des terrains cultivés, bâtis ou boisés, qui font partie de la concession.

L'ouverture de l'isthme de Suez abrège la distance entre l'Europe et les Indes de 3.000 lieues en moyenne sur 6.000. Le bénéfice de la navigation générale obtenu par cette abréviation sera donc de 50 p. 100.

L'exécution des travaux comprendra deux périodes distinctes : l'une qui aura pour terme l'achèvement complet de toutes les constructions et durera six ans; l'autre qui ne s'étendra pas à plus de trois années, à l'expiration desquelles la Compagnie percevra déjà des revenus considérables. En effet, dès la première année le canal d'eau douce sera terminé. Ce canal partira du Caire, et, parvenu à la hauteur du canal maritime, se divisera en deux branches d'irrigation, dont l'une aboutira à la Méditerranée, l'autre à Suez. Il donnera aux terres environnantes cette fertilité exceptionnelle qui distingue la vallée du Nil. Ce sera une première source de revenus. Deux années après, une communication suffisante pour une très grande partie de la navigation actuelle sera ouverte entre les deux mers. Les travaux de construction,qui doivent donner au canal maritime une largeur et une profondeur suffisantes pour le passage des plus grands bâtiments, seront ensuite poursuivis jusqu'à leur terme. Pour obtenir ce résultat, c'est-à-dire l'établissement du canal d'eau douce et l'ouverture du canal maritime provisoire, une dépense de 80 millions ou des deux cinquièmes du capital social a été reconnue suffisante.

Tous les pays ont été appelés indistinctement à

prendre part à l'entreprise, et chacun d'eux a pu se préparer à apporter son concours, dans la proportion qui lui a été indiquée dès l'origine de la concession. Aujourd'hui il s'agira, dans la souscription générale qui va être ouverte publiquement, de faire une part égale à tous les capitaux qui viendront s'offrir. Les souscriptions, appuyées d'un acompte de versement, seront totalisées sans acception d'origine, et l'attribution, à chaque souscripteur sera faite au prorata des demandes.

A M. de Regny, agent supérieur par intérim, en Égypte.

Paris, 1er janvier 1859.

La constitution de la Société financière qui exécutera le canal de Suez a très heureusement marqué la fin de l'année 1858, mais il faut nous attendre à de nouvelles luttes plus vives encore que les précédentes, car la politique hostile me semble exaspérée de la réussite de la souscription. Nos adversaires commencent déjà à me reprocher d'avoir composé le conseil d'administration de collègues choisis exclusivement parmi des parents ou des amis, en dehors des grandes influences financières ; je leur fais répondre que l'on fait des affaires avec ceux qui en veulent, non avec ceux qui n'en veulent pas, et que, pour les combattre, je ne pouvais pas prendre des collaborateurs à leur convenance.

D'un autre côté, ils cherchent à détruire la confiance de mon entourage en proclamant l'imprudence d'une Compagnie à laquelle manque le fameux firman que l'Angleterre seule ne permet pas de délivrer, et en prétendant que la Société n'est pas régulièrement constituée, parce que les souscripteurs de la Grande-Bretagne et d'autres pays ont fait défaut.

Mon rapport au vice-roi, en date du 31 décembre 1858, lui a rendu compte des réunions du conseil d'administration, après la déclaration de constitution de la Compagnie. Son Altesse ayant désiré que la souscription française ne dépassât pas beaucoup la moitié de la souscription générale, afin de conserver, autant que possible, à la Société, son caractère universel, nous avons arrêté le total des actions françaises

à	207.111
La Belgique a souscrit pour.	324
Le Danemark	7
Naples	97
L'Empire ottoman, y compris la souscription personnelle du vice-roi d'Egypte	96.517
L'Espagne (Barcelone).	4.046
Rome.	54
Pays-Bas	2.615
Portugal	5
Prusse	15
Tunis.	1.714
Piémont	1.353
Suisse	460
Toscane	176
Sommes tenues en réserve pour les souscriptions de l'Autriche, de la Grande-Bretagne, de la Russie et des Etats-Unis d'Amérique, pour lesquelles je me suis porté fort, d'après la déclaration du vice-roi, de les prendre pour son compte dans le cas où elles ne seraient pas réalisées. .	85.506
Total des actions formant le capital de la Compagnie	400.000

Ainsi, il est bien constaté que je n'ai pas cherché à accaparer seulement pour la France et pour l'Égypte le mérite de la souscription à la grande entreprise universelle qui, malgré tout, ne manquera pas d'être universelle par ses résultats.

Mes dernières lettres d'Angleterre me font prévoir que, sous le rapport des fonds, la Grande-Bretagne nous fera complètement défaut. Les paroles de lord Palmerston et de l'ingénieur Stephenson au Parlement ont produit leur effet. En définitive, comme nous marcherons, malgré la politique de nos chers alliés, je ne suis pas fâché de réussir sans leur concours financier et malgré leur hostilité, afin de rabattre un peu leur présomption insulaire, habitués qu'ils sont à regarder comme impossible ce qui n'a pas leur appui.

Je vous envoie les observations sommaires faites par nos ingénieurs de la Commission internationale aux déclarations de Stephenson. — Quant à celle de lord Palmerston, bien quelles soient complètement déraisonnables, ses successeurs suivront la même voie d'opposition. Par mes rapports avec mes amis du corps diplomatique étranger de Paris, je sais que le cabinet de Londres, depuis la réussite de notre souscription, redouble d'efforts auprès de toutes les puissances pour nous causer des embarras.

Ainsi, M. le marquis de Villamarina, ambassadeur de Sardaigne à Paris, a été prié d'écrire au comte de Cavour, de la part de l'ambassadeur anglais, que le cabinet de Londres était toujours opposé à l'affaire du canal, et que dans l'état actuel des relations de l'Angleterre avec le Piémont il serait fâcheux, pour l'avenir de cet État, de se compromettre contre la politique anglaise.

Je sais, d'un autre côté, par mes amis d'Italie, que la même intimation a été faite directement au comte de Cavour par l'agent britannique à Turin.

D'après une lettre de New-York, je ne dois plus compter sur la souscription des États-Unis.

Il en sera de même probablement en Russie, à cause de la situation financière du pays.

Quant à l'Autriche, les correspondances du baron de Bruck et de Revoltella sont toujours favorables, malgré la mort de notre excellent et dévoué de Negrelli. Je compte me rendre à Vienne et à Trieste, avant de retourner le mois prochain en Égypte.

A M. Damas-Hinard.

La Chénaie, 13 octobre 1859.

J'apprends que la Porte, cédant à la pression de l'ambassadeur d'Angleterre, à Constantinople, vient d'expédier Mouktar-Bey, ministre des finances, pour tracer au vice-roi d'Égypte une ligne de conduite, en ce qui concerne l'œuvre du canal de Suez. Or, si j'en crois mes renseignements, les instructions de ce fonctionnaire, loin d'enhardir l'Altesse égyptienne dans ses bonnes intentions, ont pour but de le décourager complètement. Vous remarquerez, et en cela le plan de nos adversaires est facile à démêler, que c'est au moment où l'assemblée générale des actionnaires est annoncée partout, qu'ils exécutent une menace destinée à ébranler la confiance de nos associés et susciter des embarras plus considérables que ceux qui se sont déjà produits. Mes correspondances d'Alexandrie me prouvent, en effet, qu'instruits à l'avance de la mission de Mouktar-Bey, les ennemis du canal en profitent pour crier bien haut *que c'en est fait de l'entreprise dont le gouvernement de l'Empereur ne veut pas se mêler, laissant le champ libre à l'opposition des agents anglais.*

Comme S. M. l'Impératrice peut facilement se faire rendre compte de la portée de ces nouvelles complications, je vous serai très reconnaissant de mettre ma lettre sous ses yeux. Elle verra comment m'est, en ce moment, indispensable la continuation de l'assistance dont elle m'a déjà donné tant de témoignages.

Au même.

Paris, 14 octobre 1859.

Le courrier d'Égypte que je reçois, après vous avoir expédié de la campagne ma lettre d'hier, m'informe que la mission de Mouktar-Bey commence à produire, à Alexandrie, de très fâcheux résultats, et qu'il est question d'ordonner des mesures pour faire suspendre toute espèce de travaux. Il serait très important, comme conclusion des considérations que je vous ai prié de faire connaître à S. M. l'Impératrice, qu'une dépêche fût envoyée à M. Sabatier, consul général de France à Alexandrie, pour faire *maintenir ou établir le statu quo*, et pour empêcher qu'aucune atteinte ne soit portée aux droits et aux intérêts de la Compagnie universelle du canal de Suez.

A M. D.-A. Lange, à Londres.

La Chênaie, 15 octobre 1859.

Le journal l'*Isthme de Suez* vous apportera des détails sur la mission de Mouktar-Bey en Égypte, mission provoquée par une nouvelle pression officielle exercée, à Constantinople, par l'ambassadeur d'Angleterre. L'intervention de M. Bulwer dans cette occasion est un fait hors de doute. Les renseignements qui me sont parvenus de Constantinople à ce sujet ont été puisés auprès de la Porte elle-même. L'ambassadeur de France avait d'abord réclamé contre cette mission hostile au canal de Suez; mais les démarches de l'ambassadeur d'Angleterre étaient d'une telle nature et avaient un tel caractère, qu'un conflit très grave aurait pu se produire. L'ambassadeur de France, fidèle alors à ses anciennes instructions, qui ne lui permettaient pas de provoquer lui-même ce grave conflit, a dû s'abstenir et laisser le champ libre à son collègue anglais. Les informations que je vous donne sont positives. Cette circonstance est d'ailleurs fort heureuse pour nous; c'est sans doute ce qu'attendait l'Empereur pour faire déclarer à lord

Cowley qu'il nous soutiendrait et qu'il allait faire droit aux réclamations de la Compagnie du canal. Une dépêche est même partie, dans ce sens, pour notre ambassadeur à Londres, afin qu'il fasse une communication à votre gouvernement.

Je regarde notre cause comme complètement gagnée, puisque l'Empereur la prend sous sa protection.

A M. S.-W. Ruyssenaers, à Alexandrie.

La Chénaie, 17 octobre 1859.

Les incidents qui se produisent en Égypte, par suite de la mission de Mouktar-Bey, sont sans doute très fâcheux, mais ils n'ont à mes yeux aucune valeur réelle depuis que l'Empereur a décidé de placer nos intérêts sous sa toute puissante protection. Nos adversaires seront frappés. Stephenson rend déjà ses comptes dans l'autre monde; le tour des autres viendra d'une manière ou de l'autre. Pour moi, la situation de notre entreprise n'a jamais été meilleure; elle est arrivée au point que j'ai toujours ambitionné: c'est qu'elle fût portée comme *question de fait*, et non comme projet, au tribunal de la politique européenne. Elle ne pouvait pas se présenter dans des conditions plus favorables que celles qui ont été produites par la mission de Mouktar-Bey.

Si j'avais un million à ma disposition, je le consacrerais à acheter immédiatement, au pair, des actions du canal de Suez; mais, malheureusement, ma fortune m'a permis d'en payer et par conséquent d'en avoir que deux cents.

J'approuve toutes les mesures que vous projetez. J'engage M. Laroche, chef de l'établissement de Port-Saïd, et M. Alfred Feinieux, représentant de l'entrepreneur, à se concerter avec vous, pour ne céder qu'à la violence et pour prendre toutes les dispositions conservatoires, en attendant le moment très prochain où justice sera faite et où le triomphe de notre grande entreprise fera rentrer dans le néant ses obscurs blasphémateurs.

Veuillez faire savoir à Son Altesse que son fils, le jeune prince Toussoum-Pacha, se porte très bien. Son séjour à la Chénaie paraît lui être agréable. Je suis très content de lui et je trouve qu'il a beaucoup gagné depuis deux ans. Il fait d'excellents exercices; je lui donne moi-même des leçons d'équitation. Le général commandant le département et d'autres fonctionnaires sont venus lui faire visite.

A M. S.-W. Ruyssenaers, à Alexandrie.

Paris, 24 octobre 1859.

J'ai la satisfaction de vous annoncer que notre réception chez l'Empereur a eu lieu hier, à Saint-Cloud. MM. Élie de Beaumont, baron Ch. Dupin, nos présidents honoraires, s'étaient joints aux membres du Conseil. Nous fîmes demi-cercle autour de l'Empereur, qui avait une attitude fort bienveillante.

Sa Majesté, qui connaissait le but de notre visite, s'adressant directement à moi, dit : « *Comment se fait-il, monsieur de Lesseps, que tant de monde soit contre votre entreprise? — Sire*, ai-je répondu immédiatement, *c'est que tout le monde croit que Votre Majesté ne veut pas nous soutenir.* »

L'Empereur, roulant alors dans ses doigts le bout de ses longues moustache, comme il a l'habitude de le faire lorsqu'il réfléchit, ajouta, après quelques secondes de silence : « *Eh bien! soyez tranquilles, vous pouvez compter sur mon appui et ma protection.* »

A l'occasion de la résistance de l'Angleterre et d'une récente réponse de Londres, dont il nous a parlé en la qualifiant de *raide*, l'Empereur a dit : « *C'est un grain, il faut carguer les voiles.* »

Alors, nous lui avons demandé de nous autoriser à annoncer à nos actionnaires que *des négociations étant entamées, il y avait lieu d'ajourner l'assemblée générale*, faute de quoi nous serions obligés de les liquider et de les rembourser.

Il a accepté ce que nous demandions et nous a autorisés à motiver, par le commencement des négociations, l'ajournement de l'assemblée générale des actionnaires. Il nous a permis de faire savoir, en Égypte, qu'il avait déjà donné à son ministre des affaires étrangères des ordres pour que nos droits et nos opérations fussent maintenus. Nous l'en avons remercié.

Nous nous sommes plaints de la conduite du consul général de France en Égypte, dont la protection avait complètement manqué à la défense de nos intérêts, et nous avons remis une note pour appuyer notre plainte.

Ayant jugé que le moment était venu de nous retirer, je fis un signe à mes collègues, et je dis à l'Empereur que je croyais utile de me rendre à Constantinople et à Alexandrie. Il m'a répondu : « *C'est très important.* »

Chacun alors a défilé devant Sa Majesté; je suis resté le dernier, avec le duc d'Albuféra, ayant remarqué que l'Empereur désirait nous entretenir en particulier. Il nous dit, avec un air de grande bonhomie : « Que pensez-vous qu'il y ait à faire dans ce moment? — Sire, ai-je répliqué, le changement de résidence du consul général de France, qui, étant un agent d'une grande capacité, peut être appelé à un autre poste. » — « *Eh bien! s'il n'y a que cela, ce sera bien facile. Dites-le à Walewski.* »

Je me suis empressé, au sortir de l'audience, d'envoyer au comte Walewski une note dans laquelle je lui faisais le compte rendu dont je viens de vous donner la substance, et je terminai ainsi ma note :

« La conséquence pratique de cette excellente au-
« dience me semble être, tout en réservant les ques-
« tions politiques, qui seront à décider par la diplo-
« matie : 1° Que M. Thouvenel reçoive l'ordre de
« demander au nouveau grand-vizir (que je crois fa-
« vorable à notre entreprise) une lettre pour le vice-
« roi, l'autorisant à faire continuer les opérations de la
« phase préparatoire, telle qu'elle a été définie dans une
« lettre que j'ai adressée de Corfou, le 3 mars 1859, à
« l'ex-grand-vizir Aali-Pacha, qui a été acceptée par
« le vice-roi et qui est mise en exécution, en Égypte,
« depuis plusieurs mois.

« 2° Que les services de M. Sabatier soient utilisés « ailleurs qu'en Égypte. »

Il est fort heureux que je me sois trouvé en France, au lieu d'être resté en Égypte, lors de la mission de Mouktar-Bey, qui vous a causé, avec raison, tant de soucis, et à l'occasion de laquelle vous nous avez donné de nouvelles preuves de votre tact, de votre bon esprit et de votre dévouement aux intérêts de la Compagnie.

A M. le comte Th. de Lesseps, à Paris.

Paris, 23 novembre 1859.

Notre ministre a été très bien inspiré en me faisant partir pour Constantinople, et quoique, au premier moment de mon arrivée, Thouvenel ait été un peu effarouché, dans la crainte d'une complication, au milieu de ses négociations pour le Monténégro, je considère mon séjour, en ce moment, à Constantinople, comme étant on ne peut plus opportun. Il faut dire que, par suite d'une tempête, les dépêches pour l'ambassadeur qui devaient me précéder de huit jours ne m'ont précédé que de quelques heures, de sorte que Thouvenel n'avait pas encore eu le temps de se retourner et qu'il croyait d'abord fort difficile de retourner brusquement les autres; mais je considère encore cette circonstance comme heureuse. Je me suis mis naturellement à la disposition de notre ambassadeur, qui m'a traité en ancien camarade, et il s'est immédiatement débrouillé. Maintenant, il faut que l'on continue à lui envoyer, de Paris, des forces et des munitions. Que l'on ne craigne pas la lutte avec Bulwer, dont la manœuvre consiste à colporter chez les Turcs des correspondances de son gouvernement, dans lesquelles sont rapportées de prétendues conversations entre lord Cowley et le comte Walewski, conversations d'après lesquelles on aurait promis à l'Angleterre, *même postérieurement à la mission de Mouktar-Bey*, de ne pas soutenir le canal. Ceci ne peut pas être vrai : la tactique est déjà ancienne et trop souvent renouvelée. Les drogmans de l'ambassade anglaise sont chargés d'effrayer les ministres de la Porte, en leur faisant croire que leur acquiescement au canal peut être la cause d'une guerre, qui serait fatale pour eux, entre l'Angleterre et la France. Je tâche de faire comprendre, au contraire, que ce serait seulement l'abdication des Turcs, en cette circonstance, qui, laissant face à face les cabinets de Paris et de Londres, pourrait provoquer des luttes d'influence, des malentendus et des collisions politiques.

Il est aussi une considération sur laquelle je te prie d'appeler l'attention du comte Walewski. Du moment que l'ambassadeur de France ouvre ici la brèche et qu'il va être entièrement secondé par les représentants autrichien, russe et autres, il est essentiel que toutes nos forces soient combinées vers le but que l'on veut obtenir, et que toute autre question cède ici le pas à celle qui est à l'ordre du jour.

Les drogmans de l'ambassade anglaise disent à la Porte que les instructions de lord John Russell sont pour le moins aussi hostiles au canal de Suez que celles des précédents ministres.

Au même.

Constantinople, 30 novembre 1859.

Je reçois une lettre de Paris dans laquelle on me dit : « *Tes ennemis, et tu aurais tort de croire que tu n'en as pas de toute espèce, t'ont accusé, auprès de qui de droit, au sujet de tes prétendues opinions politiques. On a parlé de liaisons, de relations, même d'affiliations.* »

J'avoue que, loin de me tourmenter de semblables accusations, j'éprouve une certaine satisfaction en voyant que ceux qui pourraient être intéressés à nuire à celui qui n'a jamais songé à nuire à personne, sont obligés de puiser, dans leur arsenal envenimé, des griefs imaginaires. En effet, ma carrière officielle, depuis trente-quatre ans, mon existence privée, dont une personne auguste a été dans le cas de connaître les principales circonstances, me mettent à l'abri de pareilles calomnies.

Toute ma vie a été employée au service de mon pays, sans m'être jamais occupé de politique intérieure. Il ne m'est pas arrivé une seule fois, même par curiosité, d'avoir mis le pied dans un club quelconque ou dans une réunion électorale. Pendant mes trente années de missions consécutives à l'étranger, je n'ai été, à Paris, par congé, que quatre fois, et je n'ai assisté ni à la révolution de 1830, ni à celle de 1848 Admis à la disponibilité, en 1849, sur ma demande, et me trouvant sans traitement, ni retraite, je me suis exclusivement consacré à ma famille, et j'ai pu réparer quelques brèches faites à ma modeste fortune par mes dernières missions à l'étranger.

Frappé, en 1854, dans mes plus chères affections, je travaillai activement à mettre à exécution un projet qui m'occupait théoriquement depuis plusieurs années. Tout le monde a pu suivre, dès lors, chacun des pas que j'ai faits, et, certes, rien, dans mes démarches, dans mes écrits, dans mes relations, n'a pu fournir le moindre prétexte à des attaques que je dédaigne vraiment de combattre davantage, et auxquelles je ne répondrais même pas, si je ne les croyais pas nuisibles, dans ce moment, à la réussite de mon entreprise.

Fais lire ce billet au comte Walewski et communique-le au besoin, à M. Damas-Hinard, pour l'Impératrice. Elle sait que si je n'ai pas voté pour l'Empire, je ne suis pas un factieux, et que si j'aime la liberté, on ne m'enrôlera jamais pour renverser ce que mon pays a élevé.

A M. le comte Th. de Lesseps, à Paris.

Constantinople, 21 décembre 1859.

M. Thouvenel m'a prévenu, hier soir, que l'appel aux puissances sur la question de Suez avait enfin été formulé, et il paraît en être satisfait. Cet appel a lieu sous la forme d'une note identique, que les ambassadeurs de Turquie, à Paris, et à Londres, sont chargés de communiquer aux cours des Tuileries et de Saint-James. Une copie de cette note doit être, en même temps, remise aux chefs des missions diplomatiques à Constantinople.

Le représentant anglais avait, depuis longtemps, travaillé les esprits à la Porte. Il avait flatté les préjugés, les rancunes et les regrets de ceux qui, au fond, pensent toujours à revenir sur les stipulations de 1841 en faveur de l'Égypte. Il voulait profiter de l'occasion pour réduire *le libre gouvernement héréditaire de l'Égypte* au rôle d'une simple *administration turque.*

S'il réussissait, il faisait coup double, en détruisant, d'une part, l'œuvre politique de la France à l'égard de l'Égypte et de la famille de Méhémet-Ali, et en faisant, d'autre part, annuler par la Porte la concession du vice-roi en faveur de la Compagnie du canal de Suez, sous le prétexte *qu'un simple gouvernement de province turque n'avait pas le droit de donner cette concession.* Tel était le plan de M. Bulwer, dégagé de tous ses artifices accessoires.

A S. E. M. Thouvenel, ambassadeur de France.

Constantinople, le 27 décembre 1859.

Le nouveau grand-vizir Méhémet-Ruchdi-Pacha a été parfait dans tout ce qu'il m'a dit. Voici ses propres paroles, que vous répétera votre premier drogman, M. Delaporte, par lequel vous avez bien voulu me faire accompagner dans ma visite :

« Nous avons bien examiné la question du canal, « sous le point de vue de nos intérêts, et nous avons « été heureux de reconnaître que c'était une entreprise « dont la réussite nous sera profitable. Comme nous « avons aussi reconnu qu'elle produira un grand bien « pour tout le monde, nous aurions agi ainsi que nous « l'avons fait, quand bien même nous aurions craint « qu'elle ne nous coûtât quelque dommage, afin que « l'on ne pût pas nous accuser de nuire aux autres.

« Le principe de notre approbation, sous le point de « vue de nos intérêts, étant donc admis, personne, je « l'espère, ne pourra trouver mauvais que nous de« mandions à des puissances amies de s'entendre sur « des questions politiques qui pourraient être la con« séquence de l'exécution du canal, tant vis-à-vis de « l'Égypte, que vis-à-vis de l'Europe. »

Il a fallu la haute confiance que vous avez inspirée à tous les ministres turcs, pour arriver, en si peu de temps, au milieu de tant de difficultés et de positions délicates, à un résultat que je regarde comme la solution la plus heureuse. Il ne faut plus maintenant que de la prudence, de la patience et du temps, dans la poursuite persévérante de mon entreprise.

A M. le duc d'Albuféra, à Paris.

Constantinople, 28 décembre 1859.

Le changement du grand-vizir n'a modifié en rien la situation dont je vous ai rendu compte dans mes précédentes lettres. Le Sultan a complètement approuvé tout ce qu'avait fait l'ex grand-vizir Kuprisly-Méhémet-Pacha. Hier, accompagné du premier drogman de l'ambassade de France, j'ai été prendre congé des ministres, et je les ai remerciés.

Voici ce qu'à mon retour à Paris j'ai écrit à M. Thouvenel. (Voir la lettre précédente.)

Toute la question me semble résumée comme elle devait l'être par cette déclaration.

Je pars demain pour Alexandrie, où je resterai très

peu de temps, n'ayant d'autre objet que de voir le vice-roi.

M. Thouvenel désire que je sois le plus promptement possible à Paris.

A S. E. Zulfikar-Pacha, au Caire.

Alexandrie, 3 janvier 1860.

J'arrive de Constantinople, pour voir Son Altesse, avant de retourner à Paris, où je suis attendu et où je dois suivre des négociations commencées par le gouvernement de l'Empereur.

Je prendrai, ce soir, le train du Caire, et, demain matin, j'enverrai chez vous, afin de savoir où je pourrai rencontrer Son Altesse.

J'ai de bonnes nouvelles à lui donner de l'entreprise, dans l'accomplissement de laquelle je ne cesserai de lui montrer mon dévouement à ses intérêts et à sa personne.

L'ambassadeur de France à Constantinople avait demandé à la Porte, au nom de l'Empereur, d'exprimer officiellement et librement son opinion sur l'exécution du projet, qui lui avait été soumis par le vice-roi, de percer l'isthme de Suez par un canal de grande communication maritime.

Après seize séances du conseil des ministres, il a été unanimement prononcé par les membres du Divan que le projet du vice-roi était utile aux intérêts de l'empire ottoman qui, en ce qui le concernait, ne mettrait aucun obstacle à sa réalisation.

A M. le duc d'Albuféra, à Paris.

Sur le Nil, entre Monfalout et Siout,
le 6 janvier 1860.

Le vice-roi m'attendait à Monfalout, avant de remonter le Nil jusqu'à Siout. Nous avons eu un entretien fort intéressant, et je puis vous assurer que nous sommes dans l'accord le plus parfait. Il désire vivement que, sans bruit, nous poussions le plus promptement possible le montage de nos dragues, le creusement de *notre rigole de service* jusqu'au lac Timsah, et les travaux préparatoires du port intérieur.

Il est très satisfait du résultat obtenu à Constantinople, sans que ses droits aient été lésés ou mis en question, et il reconnaît que ses droits sont les nôtres.

Je lui ai expliqué son compte courant, dont je lui ai laissé une copie à examiner.

Le vice-roi m'a assuré, de la manière la plus gracieuse, que dans aucune circonstance il n'avait douté de moi, et que, de mon côté, il était certain que je n'avais non plus jamais douté de lui. Il m'a répété ce qu'il m'avait déjà dit, lors de notre dernière entrevue, c'est que nous n'avons pas besoin de nous voir pour nous entendre. Il est très heureux du changement du consul général de France.

Après notre entretien, nous avons, chacun, repris notre bateau à vapeur. Nous nous retrouverons ce soir à Siout, où il compte rester deux jours. Il m'a dit qu'il ne fallait pas encore parler de départ.

A M. S.-W. Ruyssenaers, à Alexandrie.

Alexandrie, 11 janvier 1860.

En remettant au vice-roi son compte courant avec la Compagnie, compte qu'il a approuvé, je lui ai fait remarquer que son administration n'avait pas compris dans ses avances des sommes importantes, dont Son Altesse n'a pas voulu réclamer le remboursement, et j'en ai remercié Son Altesse, au nom des actionnaires de la Compagnie.

Ces avances, dont le vice-roi n'a pas voulu se faire rembourser, concernaient les dépenses du nivellement exécuté, il y a quelques années, d'après les instructions de M. Paulin Talabot, par la brigade Bourdaloue (50.000 francs), les traitements de tous les ingénieurs mis à notre disposition, et les autres frais pour les études de l'avant-projet et pour les opérations subséquentes (560.000 francs), l'armement de la corvette mise aux ordres du capitaine Philigret pour ses opérations dans la baie de Péluse, comprises dans le compte pour 25.000 francs, tandis que les frais se sont élevés à 60.000 francs, d'après le rapport du capitaine Philigret; enfin, les frais relatifs au transport d'Alexandrie, sur le Nil, dans la Haute-Égypte, et à l'entretien, dans toutes ses explorations, de la commission internationale (environ 150.000 francs).

A S. A. Mohammed-Said, vice-roi d'Égypte.

Paris, 26 janvier 1860.

Je suis arrivé depuis quatre jours à Paris, et je

m'empresse de transmettre à Votre Altesse, ainsi qu'Elle me l'avait recommandé, la copie de la communication qui a été faite au ministre des Affaires étrangères de France par l'ambassadeur de Turquie. Je n'ai pas besoin de faire remarquer à Votre Altesse que cette note, qui se ressent des tiraillements subis par la Porte, entre la France et l'Angleterre, ne précise rien, qu'elle est une simple échappatoire officielle et qu'elle laisse, en définitive, au temps et aux événements le soin de définir ce qu'elle n'a pas voulu dire. — C'est un enterrement politique qui nous permet d'agir pratiquement et de forcer plus tard la solution. On appelle cela, en espagnol, *cubrir el espediente*, c'est-à-dire *sauver les apparences*.

L'Empereur a reçu M. Béclard, le successeur de M. Sabatier, et lui a particulièrement recommandé les intérêts de la Compagnie du canal de Suez.

D'accord avec M. Thouvenel, j'ai fait prendre par le comité de direction la décision dont je transmets une copie, afin que Votre Altesse ne soit inquiétée par personne au sujet des travaux que nous faisons pour la création de son port de Port-Saïd, et pour son port intérieur de Timsah.

J'ai vu le roi Jérôme, le prince Napoléon, les ministres, mais j'ai attendu d'être bien renseigné avant de demander une audience à l'Empereur, ce que je ferai aujourd'hui ou demain.

Je remets à Votre Altesse un modèle d'avis pour faire connaître aux navigateurs l'époque où le phare de Port-Saïd sera allumé. Il appartient au gouvernement égyptien seul, comme étant maître du territoire de Port-Saïd, de communiquer cet avis aux consuls généraux des diverses puissances et au public. Ce phare sera très utile aux navigateurs qui se rendent des côtes de l'Égypte vers celles de la Syrie, et réciproquement.

A M. Damas-Hinard, secrétaire des commandements de l'Impératrice, à Biarritz.

Paris, 9 février 1860.

Je vous envoie, en priant l'Impératrice de la remettre à l'Empereur, une note résumée que je viens de rédiger pour répondre aux objections concernant la navigation sur la mer Rouge.

Lorsque le canal de Suez sera ouvert, on sera aussi étonné des objections qui nous sont faites aujourd'hui contre la navigabilité de la mer Rouge, qu'on l'a été, après le passage effectué par Vasco de Gama autour du cap, de l'épouvantail du géant Adamastor et de cette croyance que l'on deviendrait nègre en passant le cap, propagée parmi les marins de Lisbonne par des émissaires vénitiens, croyance tellement tenace que, pendant longtemps, les équipages engagés pour doubler le cap *craignaient de devenir nègres en passant la ligne*, se révoltaient et renonçaient à poursuivre leur route dès qu'ils voyaient leurs visages commencer à brunir. C'est ainsi que Vasco de Gama n'a pu parvenir à triompher d'un semblable préjugé qu'après trois essais et des révoltes où il faillit perdre la vie.

Dans cent ans d'ici et plus tôt encore, je l'espère, les fanges de la baie de Péluse, dans lesquelles nos jetées devaient s'engloutir, les sables mouvants qui doivent combler notre canal, les périls imaginaires de la mer Rouge, où les barques indigènes naviguent en toutes saisons sans être pontées, les bancs de corail existant sur les côtes de la mer Rouge ne seront pas plus redoutés que les plages de sable, les récifs de silex ou de calcaire bordant toutes les mers du monde; tous ces fantômes enfin seront rangés sur la même ligne que la fable du géant Adamastor et la transformation du blanc en noir.

A S. A. Mohammed-Saïd, vice-roi d'Égypte.

Paris, 10 février 1860.

J'ai l'honneur d'envoyer à Votre Altesse la copie d'une note remise à M. Thouvenel, à la suite d'une audience que l'Empereur m'a accordée, ainsi qu'au duc d'Albuféra, au sujet de l'affaire du canal. Il est donc bien entendu que nous allons réunir tous nos efforts pour créer le port intérieur de Timsah et pour le faire communiquer avec Port-Saïd. Votre Altesse peut être assurée que le gouvernement de l'Empereur sera d'autant plus en mesure de faire respecter ses droits, vis-à-vis de la Porte et vis-à-vis de l'Angleterre, qu'Elle se montrera déterminée à poursuivre elle-même l'entreprise qu'elle a commencée aux applaudissements du monde entier. Je me rappelle les paroles qui m'ont été dites par l'Empereur, il y a déjà quatre ans : « *Lorsque vous serez très fort, tout le monde vous soutiendra, moi le premier.* »

L'appui de l'Empereur accordé à notre entreprise est aujourd'hui un fait officiel connu de tous les cabinets; mais plus nous marcherons, c'est-à-dire plus nous serons forts, plus cet appui servira tous les intérêts de Votre Altesse, tant pour le présent que pour l'avenir.

Notre entrepreneur général, M. Hardon, se rendra en Égypte le 4 du mois prochain; il s'empressera d'aller se présenter à Votre Altesse, suivant les ordres qu'Elle m'a donnés, et il fera fonctionner les premières dragues sous les yeux de Votre Altesse. En attendant, il transmet des instructions à son représentant pour préparer ce qui sera nécessaire, afin de donner une vive et prompte impulsion à la communication entre Saïd et Timsah, et, s'il y a des demandes à faire, dans ce but, à Votre Altesse, M. Ruyssenaers s'en chargera.

A S. A. le vice-roi d'Égypte.

Paris, 16 mai 1860.

J'ai l'honneur d'informer Son Altesse que je m'embarquerai, le 18, à Marseille, pour lui apporter moi-même les résolutions prises par l'Assemblée générale du 15 mai, et pour lui expliquer les heureuses conséquences de cette Assemblée pour la réalisation de notre entreprise.

A M. le duc d'Abulféra, à Paris.

Paris, 2 juin 1860.

M. Ruyssenaers vous a appris qu'arrivé à Alexandrie, le 26 mai, j'ai été trouver le vice-roi, le 27, à Atfeh, au confluent du canal d'Alexandrie et du Nil. Je suis resté trois jours avec Son Altesse, dont l'accueil amical ne m'a rien laissé à désirer. J'ai immédiatement détruit les appréhensions que l'on avait cherché à susciter dans son esprit, sur le prétendu danger qui menaçait les finances de son pays, par suite de l'importance de sa participation financière dans notre entreprise. Il s'est empressé, en ma présence, de communiquer à un des princes de sa famille et à ses ministres, les explications que je lui avais données, et que son secrétaire des commandements, Kœnig-Bey, m'a ensuite prié de sa part de lui résumer par écrit. Voici le texte de la note que j'ai, en conséquence, remise à Kœnig-Bey :

« Atféh, 28 mai 1860.

« Il résultait du compte courant remis, le 6 janvier « dernier, à Son Altesse, qu'elle était propriétaire, « dans la Compagnie du canal de Suez :

1° de 64.000 actions provenant de la souscription primitive.

2° de 113.642 actions provenant de certaines attributions étrangères non réalisées et qui lui avaient été réservées.

En tout 177.642 actions.

sur lesquelles 17.764.200 francs ont été appelés, à raison de 100 francs par action.

« L'assemblée générale des actionnaires, tenue le « 15 mai 1860, a admis le principe du compte courant « ouvert à Son Altesse et qui, à la date du 30 avril « précédent, présentait un solde au crédit de la Com- « pagnie de 15.248.042f,88, déduction faite des som- « mes déjà versées par Son Altesse et des intérêts qui « lui étaient acquis sur lesdites sommes.

« Après avoir fait connaître cette situation à Son « Altesse, qui a bien voulu m'en exprimer sa satisfac- « tion, je vous adresse, suivant votre demande, la « présente communication, en y joignant copie du « rapport présenté à l'assemblée générale du 15 mai, « ainsi que la balance des écritures de la Compagnie, « à la date du 30 avril dernier.

« Les titres des actions appartenant à Son Altesse « lui seront consignés, lorsqu'elle aura jugé à propos « de prendre les dispositions sur lesquelles j'ai appelé « sa haute attention, et qui permettront la libération « desdites actions jusqu'à concurrence des 100 francs « appelés sur chacune d'elles. »

J'espère que les dispositions rappelées dans cette note seront prises prochainement. Le vice-roi en apprécie la convenance, et il est tout à fait convaincu que la Compagnie ne pourrait faire aucun appel de fonds nouveau, avant qu'il n'eût lui-même complété ses premiers versements de 100 francs par action.

Revenu à Alexandrie le 29, j'ai visité, le 30, les carrières du *Mex*. L'état des travaux de cette exploitation est très satisfaisant.

Nous partirons dans six jours pour Port-Saïd avec le commandant du vapeur de guerre français l'*Eclai-*

reur, des officiers de son état-major et M. Ceccaldi, gérant du consulat de France, M. de Montaut, ingénieur, et M. Alfred Feinieux, directeur des travaux de l'entreprise générale. J'emmène avec moi pour les ouvriers indigènes un iman qui a été autrefois aumônier de la flotte égyptienne, ainsi qu'un prêtre catholique pour les ouvriers européens.

A M. Victor Delamalle, à Paris.

Alexandrie, 10 juillet 1860.

... Le vice-roi m'a raconté tout au long une conversation qu'il vient d'avoir avec le consul général d'Angleterre, au sujet de l'importance de sa participation financière dans l'entreprise du canal. L'agent anglais n'a négligé aucun argument pour chercher à effrayer le principe sur les conséquences de cette participation, mais Son Altesse a tenu bon. Elle a déclaré que c'était une chose faite, qu'il n'y avait pas à y revenir, que les arrangements pris par elle, avec la Compagnie, avaient échelonné les payements de manière à pouvoir les faire couvrir facilement par les ressources du Trésor; que, dans le cas où la puissance de l'Angleterre réussirait, d'ici à deux ans, à empêcher l'exécution du canal, il n'aurait, en définitive, perdu qu'une faible partie de son apport, tandis que, si le canal se faisait, comme il l'espérait bien, tout le monde viendrait lui demander des actions, les Anglais les premiers, et qu'alors *il leur en revendrait avec de gros bénéfices.*

Journal.

17, 18, 19 et 20 janvier 1863.

Parti le soir, à cheval, d'Ismaïla pour me rendre à Kantara plus promptement qu'en bateau, je parcours le désert, suivi de mon fidèle Hassan, par une nuit assez sombre et uniquement guidé par l'étoile du Nord. Après deux heures de repos, je suis réveillé par un courrier; j'ouvre la dépêche. On m'annonce que Mohammed-Saïd, arrivé bien souffrant à Alexandrie, est à toute extrémité, et que si je veux encore le voir, je n'ai pas un instant à perdre. Je vais seller un cheval. Au lieu de reprendre la route du désert, je veux suivre les berges du canal, qui sont encore incomplètes et qui ont quelques solutions de continuité. Au milieu de l'obscurité, mon brave cheval me tire de tous les mauvais pas et j'arrive, au jour, à Ismaïla. Une barque, que j'avais fait préparer, par le télégraphe, m'attend; traînée par deux dromadaires, elle passe en une heure devant Ramsès. Comme j'atteignais Tell-el-Kébir, une barque vient au-devant de moi; Jules Voisin, envoyé par Guichard, notre directeur des domaines du Ouady, qui n'avait pas voulu m'annoncer lui-même la triste nouvelle, m'apprend que le vice-roi a succombé dans la matinée du 18. Je suis désespéré, non pas à cause de mon entreprise, pour laquelle je conserve la foi la plus sereine, malgré toutes les difficultés qui pourront survenir, mais pour cette cruelle séparation d'un fidèle ami qui, depuis vingt-cinq ans, m'avait donné tant de témoignages d'affection et de confiance. Jusqu'à mon arrivée à Alexandrie, je repasse dans mon esprit toutes les circonstances de nos relations pendant son enfance, sa vie insouciante de jeune homme et son règne bienfaisant. Avant de prendre quelque repos, je m'empresse de faire demander à la noble et digne princesse, sa veuve, de me faire entrer dans la mosquée de famille où l'on venait de déposer le corps du prince. J'y reste enfermé pendant une heure, sans témoins, la tête appuyée sur le turban du mort. Ses serviteurs, que j'interroge ensuite, me disent que, dans les derniers jours de sa maladie, leur maître se servait de temps en temps d'une canne que je lui avais donnée, lors d'une excursion au milieu de nos travaux, et qu'il l'avait encore à côté de lui, en expirant. Je fis faire des recherches pour garder cette relique ; impossible de la trouver au palais, elle avait disparu. J'en donne le signalement à la police, dont les agents finissent par la reconnaître dans les mains d'un Arabe qui passait dans la rue. On me rapporte le précieux souvenir. Voici l'histoire de cette canne

Un jour, Mohammed-Saïd, au retour d'un voyage en Angleterre, me présenta deux cannes, celle que je lui avais donnée et une autre dont lui avait fait présent un amiral anglais, en me disant : « Il arrive quel-
« quefois que vous me parlez des affaires du Canal
« en présence de gens qui peuvent raconter notre
« conversation dans un moment inopportun. Pour
« éviter à l'avenir cet inconvénient, chaque fois que
« vous viendrez me faire visite et que vous me verrez
« avec la canne anglaise, vous vous rappellerez qu'il

« ne doit pas être question du Canal, mais vous « pourrez m'en entretenir tant que vous voudrez, « quand j'aurai votre canne. »

Après être resté trois jours à Alexandrie et après avoir laissé passer la série des félicitations officielles adressées au successeur de Mohammed-Saïd, je pars pour le Caire, où le nouveau vice-roi, loin de m'en vouloir, m'a su gré de mon retard et de mes regrets, et a bien voulu m'assurer spontanément qu'il traiterait la veuve, le fils et les personnes de la maison de son prédécesseur, comme appartenant à sa propre famille.

A M. le duc d'Albuféra, à Paris.

Caire, 24 janvier 1863.

Appelé par le télégraphe, lorsque S. A. le vice-roi était déjà à toute extrémité, je suis arrivé, en vingt heures, de Kantara à Alexandrie, avec le regret de n'avoir pu fermer les yeux au prince qui fut pour moi un ami constant et dévoué, mais je me mis à la disposition de sa famille auprès de laquelle je suis resté deux jours.

Le nouveau vice-roi, Ismaïl-Pacha, a bien voulu me faire connaître immédiatement ses bonnes dispositions pour notre entreprise. Je vous ai alors expédié la dépêche suivante : « Les nouveaux contingents du « mois lunaire se rendent aux travaux qui continue- « ront avec vigueur, sans interruption. »

Aujourd'hui, après avoir eu un long entretien confidentiel avec S. A. Ismaïl-Pacha, je suis en mesure de vous assurer que nous pouvons avoir une sécurité parfaite, tant sur la marche des travaux que sur l'acquittement régulier des engagements du gouvernement égyptien pour le payement de ses actions, les idées d'Ismaïl-Pacha étant contraires au système des emprunts; et des habitudes d'ordre et d'économie lui faisant espérer qu'il pourra s'en passer, il se montre décidé à faire effectuer successivement ses versements, de manière à permettre à la Compagnie de suffire à toutes ses dépenses, sans recourir au moindre appel aux actionnaires, jusqu'à l'acquittement complet de la dette du Trésor égyptien. Nous ferons pour cet objet une convention très simple, au retour du voyage que le nouveau vice-roi va faire très prochainement à Constantinople, pour aller y recevoir l'investiture du Sultan. Jusque-là, on comprend qu'Ismaïl-Pacha ne puisse pas faire plus que de maintenir purement et simplement la situation qui lui a été laissée par son prédécesseur. Plus tard, il ira plus loin; lui et ses intimes me l'assurent, ajoutant qu'il comprend combien il est important pour la gloire de son règne de mener à bonne fin l'entreprise du canal de Suez.

S. A. R. le duc de Brabant, qui revient d'une excursion dans la Haute-Égypte, m'a exprimé le désir de visiter en détail tous nos travaux. Je pars avec lui, ce matin, après avoir pris les ordres du vice-roi qui nous donne un train express du Caire à Samanoud et un bateau à vapeur de Samanoud à Damiette. Demain nous irons à Port-Saïd par le lac Mensaleh. J'ai prévenu par télégraphe M. Voisin, qui nous accompagnera, car, avant de connaître le projet du duc de

Brabant, nous devions, à cette époque, passer ensemble la revue de nos chantiers.

Le vice-roi partira dans trois ou quatre jours pour Constantinople, il sera de retour au Caire, quinze jours après, et ce sera à cette époque que nous terminerons notre règlement financier, avant mon départ pour la France. « Je ne veux pas que vous arri- « viez à Paris, m'a-t-il dit à plusieurs reprises, avant « que la Compagnie ne soit complètement satisfaite. »

Aujourd'hui même, il a déclaré à M. de Beauval, l'autorisant à en faire part dans une dépêche au gouvernement de l'Empereur, qu'il prendrait, d'accord avec moi, toutes les mesures nécessaires pour que les versements du Trésor égyptien, en ce qui concerne le payement de ses actions, fussent effectués comme l'ont été ceux des autres actionnaires, de manière à permettre à la Compagnie de suffire à toutes ses dépenses, sans avoir besoin de recourir à de nouveaux appels de fonds aux actionnaires français. La dépêche de notre consul partira par ce courrier.

Aussitôt que le vice-roi se mettra en route pour Constantinople, je me rendrai avec M. de Chancel à Damiette, où nous prendrons M. Voisin, pour faire une nouvelle et complète tournée sur nos travaux et établissements; j'attendrai à Timsah le retour de Son Altesse que j'irai rejoindre ensuite au Caire.

S. A. Ismaïl-Pacha m'a annoncé, il y a quelques jours, qu'il avait envoyé des bateaux à vapeur pour amener les contingents de travailleurs de la Haute et de la Moyenne-Égypte pour le mois de Ramadan pendant lequel, par exception, il n'y aura pas de chômage dans les travaux de l'isthme. Il était fort important, cette année, qu'il n'y eût, durant le carême musulman, aucune interruption de travail; car cette interruption, explicable dans les circonstances ordinaires, aurait été certainement mal interprétée dans ce moment. Le vice-roi l'a bien compris.

Les faits qui se produisent viennent donc confirmer les dispositions favorables manifestées par Son Altesse, dès le premier jour de son avènement au pouvoir. Nos affaires en Égypte vont pour le mieux.

Au même.

Caire, 14 février 1863.

Je suis depuis six jours au Caire où j'ai eu de fréquentes entrevues avec S. A. Ismaïl-Pacha. Ce prince ne cesse de me répéter qu'il ne serait pas digne d'être vice-roi d'Égypte s'il n'était pas plus *canaliste* que moi-même. Il me témoigne beaucoup de confiance et me donne de plus en plus la conviction que son entier concours nous est assuré, tant sous le point de vue des travaux à poursuivre activement que sous le point de vue financier, de manière à éteindre, à notre convenance, la dette du Trésor égyptien.

Au même.

Alexandrie, 10 mars 1863.

Je me suis hâté d'arriver à Alexandrie, au moment où le vice-roi devait y débarquer, à son retour de

Constantinople. J'ai été un des premiers à le voir. Il m'a confidentiellement entretenu de tous les détails de son séjour auprès du Sultan, détails que je charge mon frère Théodore de vous communiquer, avant d'en faire part à M. Drouyn de Lhuys.

Le voyage du vice-roi a été excellent pour nous. Je le résume par les propres paroles de Son Altesse, lorsque je suis allé la féliciter : « *Vous auriez été* « *vice-roi d'Egypte, en même temps que président* « *de votre Compagnie, que vous n'auriez pas mieux* « *fait les affaires du canal de Suez.* »

La marche rapide de nos travaux et l'acquittement de la dette du Trésor égyptien vont donc découler naturellement de cette situation, sans aucune crainte ni embarras. Le vice-roi est parti hier pour le Caire, après la réception du nouveau consul général de France, M. Tastu, mon ancien ami.

S. A. Ismaïl-Pacha m'a donné rendez-vous au Caire, *pour terminer toutes nos affaires, avant ma rentrée en France.*

M. Tastu est et sera toujours parfait pour nous, mais nous ne devons pas oublier les services rendus par M. de Beauval.

A M. le comte Th. de Lesseps, à Paris.

Caire, 28 août 1863.

Je viens de recevoir de Paris, et de la part d'un ami intime et dévoué, la lettre suivante :

« Je crois vous devoir une communication qui vient

« de m'être faite, et dont vous pouvez seul apprécier « le mérite. J'ai pensé qu'il n'y avait aucun inconvé« nient à vous la transmettre, car, si elle avait le « moindre fondement, il serait très fâcheux que vous « ne fussiez pas averti.

« Cette communication m'a été faite, à la condition « expresse que je ne vous en indiquerais pas la « source.

« Il paraît qu'un ingénieur en chef des ponts et « chaussées a été envoyé en Égypte par un homme « d'État, avec la mission d'inspecter les travaux de « l'Isthme, et de lui adresser un rapport sur les ré« sultats de cette inspection.

« On m'affirme que cet observateur a été très défa« vorablement impressionné de ce qu'il a vu; que, « dans le cours de sa visite, il a été très sévère envers « vos ingénieurs; on donne comme certain que son « rapport sera des plus hostiles; qu'il conclura même « à l'impossibilité de l'affaire dans ses conditions « actuelles.

« On ne doute pas que ce rapport ne soit remis à « l'homme d'État, et que celui-ci ne le fasse arriver « directement aux mains de l'Empereur.

« Armé de ce rapport, on travaillerait à persuader « à l'Empereur que la direction de l'affaire est mau« vaise, que le capital des actionnaires est compromis, « que l'honneur et le succès de l'entreprise sont en « danger; on aurait aussi des arguments auprès de « l'Impératrice, qu'on craint plus que l'Empereur; on « chercherait à l'effrayer et à lui faire croire qu'il faut, « *dans votre intérêt*, vous soustraire aux embarras « que vous vous préparez.

« On voudrait faire liquider la Compagnie actuelle

« et la remplacer par une autre qui serait déjà en « cours de formation.

« Enfin, à côté de cette Compagnie, on parle de la « formation d'une autre Compagnie de gros ban- « quiers. »

Si j'étais à Paris, je commencerais pas montrer à l'homme d'État ce que l'on m'écrit. Je l'engagerais à prier l'ingénieur, s'il a fait des observations plus ou moins favorables à la marche de nos travaux, dirigée par ses collègues des ponts et chaussées, de nous communiquer ses observations, afin de les faire contrôler et vérifier par les deux inspecteurs généraux les plus distingués des ponts et chaussées, MM. Tostain et Renaud, et par les deux ingénieurs en chefs MM. Pascal et de Fourcy, qui vont venir en Égypte.

Quant à l'héritage de la Compagnie de Suez, il n'est pas à partager, nous avons suffisamment donné des preuves de vie et nous nous portons assez bien, Dieu merci. Nos premiers pas ont été difficiles, notre enfance a été tourmentée, mais nous sommes arrivés à l'état viril. Nous montrerons que, si nous avons su nous constituer financièrement, sans l'appui des grands financiers, nous saurons, avec le concours des savants ingénieurs des ponts et chaussées, achever nos travaux, sans les livrer à de grands spéculateurs qui ne seraient pas fâchés d'absorber une partie des millions de nos actionnaires. Nous avons labouré et semé, nous ferons nous-mêmes la moisson.

Il en sera des nouvelles intrigues, si elles existent, comme il en a été des intrigues financières et des intrigues politiques.

Je te livre mes avis, te laissant le soin d'en faire ce

que tu jugeras à propos, et de décider s'il y a lieu d'en informer l'Impératrice.

A S. A. le prince Ismaïl, vice-roi de l'Égypte et de l'Éthiopie.

Caire, 1er septembre 1863.

MONSEIGNEUR,

Une lettre vizirielle a été adressée à Votre Altesse, dans les premiers jours d'août, au sujet du canal de Suez.

L'ambassade de France à Constantinople, ayant pu obtenir une copie de cette lettre dont j'ai eu communication, je me suis empressé de rédiger à ce sujet un mémoire sur lequel j'appelle la haute attention de Votre Altesse.

Je puis, dès à présent, donner à Votre Altesse l'assurance que mon opinion est d'accord avec celle du gouvernement de l'Empereur des Français, qui n'a jamais eu, il est vrai, d'initiative à prendre dans l'entreprise du canal de Suez, qui, avec beaucoup de raison, n'a jamais voulu accepter d'en faire une question politique, mais qui est décidé à soutenir énergiquement, avec vos propres droits, ceux de la Compagnie dans laquelle des capitaux français ont été légalement engagés.

Il appartiendra au représentant de l'Empereur auprès de Votre Altesse de lui donner avec plus d'autorité les mêmes assurances et de l'encourager, d'un autre côté, à ne pas permettre dans l'administration intérieure de l'Égypte une immixtion contraire aux arrangements de 1841, qui ont constitué le pouvoir égyptien en faveur de la descendance de Méhémet-Ali.

J'espère que Votre Altesse, dont la protection et le concours ne m'ont pas manqué, dès le début de son règne, et qui est plus intéressé que personne au succès de l'entreprise, à la tête de laquelle j'ai l'honneur d'être placé, appréciera l'obligation dans laquelle je me trouve de remplir scrupuleusement tous mes devoirs, et qu'elle m'aidera à employer les moyens nécessaires pour achever le plus promptement possible l'œuvre de laquelle elle doit retirer tant de gloire et de profit.

Telles sont les origines de l'œuvre du canal de Suez.

En ce qui concerne le fameux Firman qui a provoqué tant de négociations internationales, la compagnie a continué à marcher sans s'en préoccuper et sans s'arrêter un seul jour.

La quiétude de son président à ce sujet reposait surtout, dans les derniers temps, sur un fait resté ignoré du public.

Lorsque l'Empereur Napoléon III arriva à Marseille, le 30 avril 1865, pour s'embarquer sur son yacht l'*Aigle* et se rendre en Algérie, le grand-vizir Fuad-Pacha qui était venu dans le Midi de la France pour y rétablir sa santé, se trouvait au milieu de l'entourage de l'Empereur, qui ne faisait aucune attention à lui et ne répondait point à son salut. Il s'avança alors plus près et demanda si Sa Majesté avait quelque grief contre lui ou son gouvernement. Il lui fut simplement répondu par un geste expressif et par un seul mot : « *le Firman.* »

Ce Firman fut plus tard octroyé.

La grande inauguration de l'ouverture des deux mers a eu lieu, le 17 novembre 1869, en présence de l'Impératrice Eugénie, de l'Empereur d'Autriche, du Prince Impérial d'Allemagne, du Prince Royal des Pays-Bas, du général Ignatieff, délégué par l'Empereur de Russie, des ambassadeurs de toutes les puissances en Turquie. Le nombre des bâtiments qui ont traversé le canal de Port-Saïd à Suez était de soixante. La multitude de personnages invités, savants, lettrés, artistes de tous les pays a été traitée par le Khédive Ismaïl avec une hospitalité et une magnificence dont il n'y a pas d'exemple dans l'histoire.

C'est un hommage que je suis heureux de lui rendre après les tristes événements qui ont affligé l'Égypte, et l'ont éloigné du pouvoir.

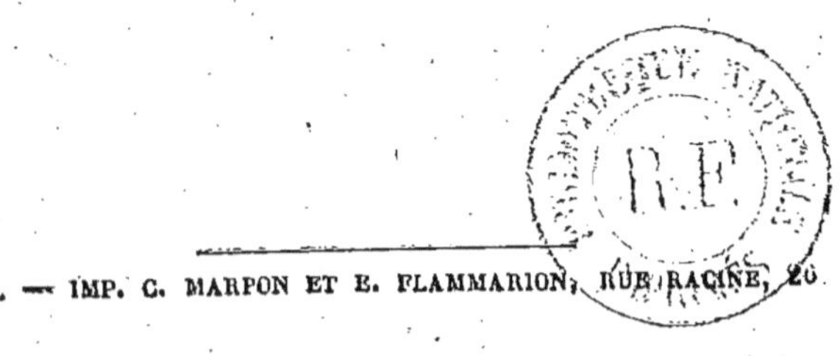

PARIS. — IMP. C. MARPON ET E. FLAMMARION, RUE RACINE, 26

7e SÉRIE. Nos

61. ARSÈNE HOUSSAYE, **Madame Trois-Etoiles.**
62. CHARLES AUBERT, **La Belle Luciole.**
63. MIE D'AGHONNE, **L'Ecluse des Cadavres.**
64. GUY DE MAUPASSANT, **L'Héritage.**
65. CATULLE MENDÈS, **Monstres parisiens** (nouvelle série).
66. CH. DIGUET, **Moi et l'Autre** (Ouvrage couronné).
67. L. JACOLLIOT, **Vengeance de Forçats.**
68. HAMILTON, **Memoires du Chevalier de Grammont.**
69. MARTIAL MOULIN, **Nella.**
70. CHARLES DESLYS, **L'Abîme.**

8e SÉRIE. Nos

71. FRÉDÉRIC SOULIÉ, **Le Lion amoureux.**
72. HECTOR MALOT, **Les Amours de Jacques.**
73. EDGAR POÉ, **Contes extraordinaires.**
74. EDOUARD BONNET, **La Revanche d'Orgon.**
75. THÉO-CRITT, **Le Sénateur Ignace.**
76. ROBERT-HALT, **Brave Garçon.**
77. JEAN RICHEPIN, **Les Morts bizarres.**
78. TONY RÉVILLON, **Noémi.** — *La Bataille de la Bourse.*
79. TOLSTOÏ, **Le Roman du Mariage.**
80. FRANCISQUE SARCEY, **Le Siège de Paris.**

9e SÉRIE. Nos

81. HECTOR MALOT, **Madame Obernin.**
82. JULES MARY, **Un coup de Revolver.**
83. GUSTAVE TOUDOUZE, **Les Cauchemars.**
84. STERNE, **Voyage Sentimental.**
85. MARIE COLOMBIER, **Nathalie.**
86. TANCRÈDE MARTEL, **La Main aux Dames.**
87. ALEXANDRE HEPP, **L'Amie de Madame Alice.**
88. CLAUDE VIGNON, **Vertige.**
89. ÉMILE DESBEAUX, **La Petite Mendiante.**
90. CHARLES MÉROUVEL, **Caprice des Dames.**

10e SÉRIE. Nos

91. Mme ROBERT HALT, **La Petite Lazare.**
92. ANDRÉ THEURIET, **Lucile Désenclos.** — *Une Ondine.*
93. EDGAR MONTEIL, **Jean des Galères.**
94. CATULLE MENDÈS, **Le Cruel Berceau.**
95. SILVIO PELLICO, **Mes Prisons.**
96. MAXIME RUDE, **Une Victime de Couvent.**
97. MAURICE JOGAND (Marc Mario), **L'Enfant de la Folle.**
98. EDOUARD SIEBECKER, **Le Baiser d'Odile.**
99. VALLERY-RADOT, **Journal d'un Volontaire d'un an.** (Ouvrage couronné par l'Académie française).
100. VOLTAIRE, **Zadig.** — *Candide.* — *Micromégas.*

11e SÉRIE. Nos

101. CAMILLE FLAMMARION, **Voyages en Ballon.**
102. HECTOR MALOT, **Cara.**
103. EMILE ZOLA, **Nantas.**
104. Mme LOUIS FIGUIER, **Le Gardian de la Camargue.**
105. ALEXIS BOUVIER, **Les Petites Ouvrières.**
106. GABRIEL GUILLEMOT, **Maman Chautard.**
107. JEHAN SOUDAN, **Histoires américaines** (Illustrées).
108. GASTON D'HAILLY, **Fleur de Pommier.**
109. IVAN TOURGUENEFF, **Premier Amour.**
110. OSCAR MÉTÉNIER, **La Chair.**

12e SÉRIE. Nos

111. GUY DE MAUPASSANT, **Histoire d'une Fille de Ferme.**
112. LOUIS BOUSSENARD, **Aux Antipodes.**
113. PROSPER VIALON, **L'Homme au Chien muet.**
114. CATULLE MENDÈS, **Pour lire au Couvent.**
115. MIE D'AGHONNE, **L'Enfant du Fossé.**
116. ARMAND SILVESTRE, **Histoires folâtres.**
117. DOSTOIEWSKY, **Ame d'Enfant.**
118. EMILE DE MOLÈNES, **Pâlotte.**
119. ARSÈNE HOUSSAYE, **Les Larmes de Jeanne.**
120. ALBERT CIM, **Les Prouesses d'une Fille.**

AUTEURS CÉLÈBRES (*suite*)

13e SÉRIE.

Nos 121. HECTOR MALOT, **Le Mari de Charlotte.**
122. EMILE ZOLA, **La Fête à Coqueville.**
123. CHAMPFLEURY, **Le Violon de faïence.**
124. A. EXCOFFON, **Le Courrier de Lyon.**
125. LÉON CLADEL, **Crête-Rouge.**
126. MAXIME RUDE, **Le Roman d'une Dame d'honneur.**
127. PIGAULT-LEBRUN, **Monsieur Botte.**
128. CH. AUBERT, **La Marieuse.**
129. C. GASSOT, **La Vierge d'Irlande.**
130. CHARLES MONSELET, **Les Ruines de Paris.**

14e SÉRIE.

Nos 131. ALPH. DAUDET, **Les Débuts d'un Homme de Lettres**
132. LOUIS NOIR, **La Vénus cuivrée.**
133. ALPHONSE DE LAUNAY, **Mademoiselle Mignon.**
134. ALFRED DELVAU, **Le grand et le petit Trottoir.**
135. MARC DE MONTIFAUD, **Héloïse & Abailard.**
136. TONY RÉVILLON, **L'Exilé.**
137. AD. BELOT et E. DAUDET, **La Vénus de Gordes.**
138. PAUL SAUNIÈRE, **Vif-Argent.**
139. Mme JUDITH GAUTIER, **Les Cruautés de l'Amour.**
140. DUBUT DE LAFOREST, **Belle-Maman.**

15e SÉRIE.

Nos 141. PAUL ARÈNE, **Nouveaux Contes de Noël.**
142. ARSÈNE HOUSSAYE, **La Confession de Caroline.**
143. ALEXIS BOUVIER, **Mademoiselle Beau-Sourire.**
144. CHARLES LEROY **Le Capitaine Lorgnegrut.**
145. L. BOUSSENARD, **10,000 ans dans un bloc de glace.**
146. ÉLIE BERTHET, **Le Mûrier blanc.**
147. F. CHAMPSAUR, **Le Cœur.**
148. RENÉ MAIZEROY, **Souvenirs d'un Saint-Cyrien.**
149. GUÉRIN-GINISTY, **Les Rastaquouères.**
150. AURÉLIEN SCHOLL, **Peines de cœur.**

16e SÉRIE.

Nos 151. CAMILLE FLAMMARION, **L'Eruption du Krakatoa.**
152. ALEXANDRE DUMAS, **La Marquise de Brinvilliers.**
153. G. COURTELINE, **Madelon, Margot et Cie.**
154. CATULLE MENDÈS, **Pierre le Véridique, roman.**
155. CH. DESLYS, **Les Buttes Chaumont.**
156. AD. BELOT et J. DAUTIN, **Le Secret terrible.**
157. GASTON D'HAILLY, **Le Prix d'un Sourire.**
158. MAXIME DU CAMP, **Mémoires d'un Suicidé.**
159. RENÉ MAIZEROY, **La Dernière Croisade.**
160. POUCHKINE, **Doubrovsky.**

17e SÉRIE.

Nos 161. HENRI MURGER, **Le Roman du Capucin.**
162. LUCIEN BIART, **Benito Vasquez.**
163. BENJAMIN CONSTANT, **Adolphe.**
164. Mme LOUIS FIGUIER, **Les Fiancés de la Gardiole.**
165. ARMAND SILVESTRE, **Maïma.**
166. VAST-RICOUARD, **Madame Lavernon.**
167. ALEXIS BOUVIER, **Les Pauvres.**
168. JULES GROS, **Un Volcan dans les Glaces.**
169. ALF. DELVAU, **Du Pont des Arts au Pont de Kehl.**
170. VICTOR MEUNIER, **L'Esprit et le Cœur des Bêtes.**

18e SÉRIE.

Nos 171. ADOLPHE BELOT, **Le Pigeon.**
172. NIKOLAÏ GOGOL, **Les Veillées de l'Ukrai**
173. JULES MARY, **Un Mariage de confiance**
174. LÉON TOLSTOÏ, **La Sonate à Kreutzer**
175. **Lettres choisies de Mme de Sévigné**
176. F. DE LESSEPS, **Les Origines du Canal**
177. LÉON GOZLAN, **Le Capitaine Maubert.**
178. CH. D'ARGIS, **La Correctionnelle pour**
179. ERNEST DAUDET, **Le Crime de Jean M**
180. ARMAND SILVESTRE, **Rose de Mai.**

CHAQUE VOLUME SE VEND SÉPARÉMEN

PARIS. — IMP. — C. MARPON ET E. FLAMMARION, RUE RACINE, 26.

www.ingramcontent.com/pod-product-compliance
Lightning Source LLC
Chambersburg PA
CBHW051536050726
47595CB00002B/520
9782013056168